산사에서 띄우는

풍경소리

산사에서 띄우는

풍경소리

금담 정관 스님

운주사

금담 정관 스님

불국사 성타 스님을 은사로 사미계를, 자운 스님을 계사로 비구계를 수지하였다. 법주사 강원에서 수학하였으며, 범어사 승가대학을 졸업하였다. 영동 반야사 주지, 대구 운흥사 주지, 대구 동화사 기획국장 등을 역임하였으며, 현재는 청도 용천사 주지 소임을 맡고 있다.
수필집으로 「여유」, 시집으로 「눈이 오던 날」, 「꽃비」가 있다.

산사에서 띄우는 풍경소리

초판 1쇄 인쇄 2007년 10월 1일 | 초판 1쇄 발행 2007년 10월 10일
지은이 정관 스님 | 펴낸이 김시열
펴낸곳 운주사 (136-036) 서울 성북구 동소문동 6가 25-1 청송빌딩 3층
전화 (02) 926-8361 | 팩스 (02) 926-8362
ISBN 978-89-5746-195-2 03810   값 9,000원
http://www.buddhabook.co.kr

● 추천의 글

난행능행難行能行하면 존중여불尊重如佛이라

사람은 누구나 저마다의 능력과 소질을 갖고 있습니다. 이러한 능력과 소질을 자기 개인만을 위해서 쓰는 사람이 있는 반면, 인연을 지어 이웃과 더불어 나누며 남을 이롭게 하는 일에 온 정열을 바치는 사람도 있을 것입니다.

후자의 경우야말로 불교의 자리이타自利利他 정신이며, 올바른 삶의 태도라 할 것입니다. 남을 이롭게 하는 이타를 실천하는 일은 그가 어떤 환경에 처해 있건, 비록 수행자라고 할지라도 주저함이 없는 용기가 필요합니다.

소납의 도제인 정관 수좌는 평소에 시를 쓰고 문학을 좋아하는 스님으로서, 이번에 새롭게 책을 펴내서 보다 많은 대중들에게 부처님의 말씀을 전하는 포교사 역할을 감당한다고 하니 그의 대중을 위한 나눔의 용기에 칭찬을 보내며 자못 기대를 하게 됩니다.

『초발심자경문』에 보면, '난행難行을 능행能行하면 존중여불尊

重如佛이라'는 말이 있습니다. '어렵고 힘든 일을 마다하지 않고 솔선수범해서 하는 사람이야말로 부처님과 똑 같은 대접을 받을 만하다'는 뜻입니다.

세상 사람들은 누구나 자기중심적이기 십상이어서, 어렵고 힘든 일은 피하고 싶어하고 책임지려 하지 않습니다. 그러나 그러한 어려움의 과정 없이 아름다운 결실을 기대하기는 어렵습니다. 어려움에 처할수록 세상을 맑고 향기롭게 하는 일에 앞장서 나아가는 용기가 필요한 것입니다.

문학을 하는 사람들의 글 쓰는 일이나 산사에서 수행하는 스님들의 정진이 정도의 차이가 있을 뿐, 길고 긴 시간 동안 끈질긴 자기와의 싸움을 감내하고 요구하는 일임에는 틀림없다고 생각합니다. 그 인내의 결과로 모두가 행복하고 정신이 건강해진다면 더 무엇을 바라겠습니까.

정관 수좌의 포교 원력에 따뜻한 격려를 보내면서 이와 같은 문학적 활동을 통해서 부처님의 말씀을 전하는 기회가 많아지기를 바랍니다.

2007년 9월 불국사 정혜루에서
나가 성타 (불국사 회주, 주지)

●책을 내면서

작은 꽃씨 하나 뿌리며

흔히 '단순하면 용감하다'고들 말한다. 나는 이 말을 약삭빠르게 이것저것 앞뒤 재지 않으면서도 무엇인가를 이루어내겠다는 신념이 강하면 그 일에 성공한다는 긍정적인 뜻으로 이해한다.

글을 쓴다는 것이 아주 어렵고 힘든 일이며, 또한 그에 따르는 책임을 수반하는 작업이라는 것을 잘 알면서도 매번 스스로의 다짐을 깨고 만다. 글 쓰는 요령도 부족하고 더구나 전문적으로 글 쓰는 사람도 아닌 주제에 의욕이 앞서 또 한 권의 책을 엮고 보니, 나의 용기는 단순함에서 발로한 것 같다. 그렇지만 출가하여 수행자로서 살아오면서 세상을 향해 나름대로 할 말은 해야 한다고 생각했기에 용기를 내 보았다.

이 책은 그동안 수행의 한 방편으로 틈틈이 써 두었던 글들과 여러 매체에 실렸던 원고들을 정리하여 모은 것이다. 이 속에는 내 자신이 온몸으로 기도하였던 경험담도 있고 불자들과 생활하면서 그들의 아픔을 함께 나눈 이야기도 있다. 산사에 사는 수행자의 입장에서 평소 보고 듣고 느꼈던 세상사는 이야기들을 담아 꾸며 보았다.

비록 서툴고 거친 글이지만 책을 내면서 한 가지 바람이 있다면, 이 글을 읽는 이들의 가슴에 아름다운 꽃씨를 심어주고 싶은 욕심이다. 비록 이 꽃씨가 작고 보잘것없지만 오롯이 싹을 틔우고 꽃을 피워 더 많은 이들에게 향기를 전하고 그래서 기쁨을 두 배로 나눌 수 있었으면 좋겠다.

따뜻한 가슴을 가진 이웃이 바로 우리와 가까운 곳에 있음을 알게 되고, 그리하여 마음에는 평화가, 얼굴에는 행복한 웃음이 채워진다면 더 바랄 것이 없겠다.

이 책이 나오기까지 도와주신 분들께 깊이 감사드린다.

2007년 9월 새미골 절에서
금담 정관 합장

	추천의 글	5
	책을 내면서	7

1부 풍경소리

버리고 또 버리니	12
소중한 식사	17
아름다운 마음을 되살리는 방생	24
변함없는 스승의 은덕	30
잠들지 마라	36
마음을 어지럽히는 무덤초	40
낙산사 관세음보살	45
풍경소리	49
염주를 돌리며	53
망인이 가는 길	58
기다리는 마음	63
불심	69
천의 손, 천의 눈 관세음보살	74

2부 눈과 귀에 속지 말라

아궁이에 불을 지피며	84
만두 속	89
눈과 귀에 속지 말라	94
참사랑을 시작할 때	99
진정한 미인	102
불량심이 남긴 것	108
약수터에서	111
한없이 작은 나라	117
올바른 교육	123

	나눔의 미덕	128
	목련화를 보면서	134
	노 부부의 비애	139

3부
장터 풍경

	꿈같은 인생	148
	어린 날의 추억	153
	장터 풍경	157
	황금거위 이야기	162
	호박 예찬	166
	코홀리개 스님	170
	나를 건드리지 말아요	176
	석류나무 이야기	181
	지극한 마음은 바위도 뚫는다	185

4부
아름다운 회향

	꽃보다 아름다운 이유	192
	악연을 극복하는 법	196
	인생길	200
	명상 걷기	205
	아름다운 회향	210
	오늘을 지혜롭게 사는 법	215
	나눔이 깊으면	219
	발밑을 살펴라	223
	차 한 잔을 마시며	228
	지극한 겸손	233
	살얼음판 걷듯 하라	239
	웃음의 미학	244

1부 풍경소리

버리고 또 버리니

화장실 문화도 참 많이 변했다. 얼마 전 서울 나들이를 다녀오면서 휴게소에서 고속도로 화장실에 잠시 들렀다. 그런데 그게 화장실인지 누구네 집 안방인지 착각할 정도로 으리으리했다. 고약스러운 변소 특유의 냄새는 어디로 가고 진한 향수 냄새가 솔솔 났다. 게다가 볼 일 보면서 제 모양을 보라고 친절하게 큰 거울까지 달아 놓았다. 너무나 고급스러운 나머지 황송해서 볼 일을 어떻게 보았는지도 모르겠다.

요즘 어떤 집에는 뒷처리까지 깔끔하게 해주는 좌변기가 설치되어 있다는데, 좋은 세상 편리한 세상이다. 우리네 어릴 적 화장실의 형태는 부엌에서 나무를 때고 남은 재를 긁어다 쌓아놓고 그

위에 큰 돌을 양쪽에 하나씩 놓는 것이 전부였다. 그리고 돌 사이에 나무판자를 두어 개 걸쳐 놓으면 그게 노천 변소다.

조금 잘 사는 집에서는 일층에 돼지를 한두 마리 키우고 다락같은 위층에서 볼 일을 보았다. 요즈음 제주도에 가면 볼 수 있다는 재미있는 양돈식 화장실이다. 밑에서 돼지들이 꿀꿀거려도 그 위에 걸터앉아 용감하게 볼 일을 보고 나와야 하는 상황은 생각만 해도 웃음이 나온다.

더 큰 부잣집에서는 푸세식 화장실이라고 해서, 아래는 큰 웅덩이를 만들어 놓고 지붕 위에 기와를 얹어 한옥처럼 예쁘게 꾸며서 고급스럽게 만들기도 하였다.

옛날에 우리나라에서 변소 중 제일 큰 변소가 어디냐고 하면 해인사 변소라고 소문이 나 있었다. 해인사 화장실은 그 크기가 얼마나 큰지 대변을 보고 나와서 한 달은 지나야 변이 바닥에 떨어지는 소리가 난다고 허풍을 떠는 싱거운 전설도 있었다.

아무튼 그 같은 전통을 가진 변소들은 단순하게 용변을 보는 기능만이 아니라 우리 선조들의 생활의 지혜가 담긴 공간이자 삶의 한 부분이었다. 그것들은 오늘날처럼 처리 곤란한 오물이라고 해서 아무 곳에나 함부로 흘려보내 물을 오염시키거나 무책임하게 땅에 묻어버리는 천덕꾸러기 신세가 아니었다.

변소에 모아진 대·소변들은 거저 버리는 일이 없었다. 짚단과 풀들을 뜯어다가 마당 한 켠에 수북이 쌓아 놓고 그것들을 퍼다 부

백년을 살아도 탐욕으로 가득 찬 시간은 물거품과 같다. 하루를 살아도
자비롭고 지혜롭게 산다면 이야말로 아름다운 인생이다.

으면 시간이 갈수록 푸욱 썩혀져서 두엄 더미가 된다. 이렇게 만들어진 퇴비는 자연스러운 농업용 천연 비료가 된다. 이보다 더 요긴하게 쓰여진 농사 밑천은 없었다.

절집에 가면 해우소라는 곳이 있다. 해우소는 절집 변소다. 처음 절에 오는 사람들은 그게 무슨 뜻인지, 왜 하필ㆍ면 화장실에다 저 같은 문구를 새겨 두었는지 궁금해 한다. 단순하게 변소라는 표식의 글일 뿐이라고 생각하는 사람도 있을 것이다. 그러나 해우소解憂所라는 글에는 불교의 철학적 의미가 담겨져 있다.

해우소에 담긴 뜻을 풀이해 보자. 한문을 직역하면 '풀 解(해), 근심 憂(우), 장소 所(소)'다. 이른바 근심을 풀어주는 장소다. 속담에 '변소 갈 때 급한 마음과 나올 때 여유로운 마음이 다르다'고 하지 않던가. 이처럼 용변을 보는 일은 사람에게 있어서 그 마음을 바꿀 수 있을 정도로 다급하고 큰일인 것이다. 이렇게 엄청난 근심거리를 해결해 주는 곳이 바로 해우소다.

그러나 해우소가 그 같은 일차적 근심거리만을 해결해 주는 곳이라고 생각하면 단견이다. 해우소에는 더 많은 의미가 담겨 있다. 우선, 이곳에 들어간 사람은 배설이 아주 중요한 건강의 척도임을 알고 스스로 건강을 챙겨 건강 때문에 근심할 일을 만들지 말아야 한다는 것이 그 첫 번째 의미다. 두 번째는 배 안에 빵빵하게 움켜쥐고 내놓지 못해서 고민하는 변비 환자 같은 인생을 살고 있지는 않는지 스스로 돌아보는 기회를 주는 곳이 바로 이곳이다. 세 번째로 어떤 대상을 두고 깨끗하다·더럽다, 귀하다·천하다 하는 것에 대한 분별이나 차별 의식은 자신의 선입견이나 교만일 수 있다는 사실도 해우소가 전하는 중요한 가르침이다.

이 시대를 살아가는 사람들은 버려야 할 것들이 너무 많은 것 같다. 지나치다 싶은 권력욕, 더 많이 가지려는 물질욕, 허영에 들뜬 사치심, 단박에 어떻게 해 보겠다는 사행심, 게다가 도박, 마약, 폭력, 과도한 음주 습관 등 버리고 또 버리고…… 나아가 버릴 것이 없는 것까지도 버려야 한다. 이럴 때 진정으로 행복을 아는 사람, 삶을 아름답게 가꿀 줄 아는 사람이 될 것이다. 이것이 해우소가 현대인에게 주는 의미이다.

소중한 식사

절에서 스님들이 식사하는 예법을 발우공양이라고 한다. 요즈음은 일반인들도 템플스테이를 통해서 경험해보는 아주 특별한 식사 예절이다. 밥 먹는 것도 수행의 일부라고 생각하는 스님들의 발우공양鉢盂供養은 이러하다.

발우공양을 다른 말로는 '법法공양'이라고도 한다. 법공양이라 함은 식사를 할 때도 자세가 흐트러지지 않고 수행자답게 예의를 갖추고 밥을 먹는다는 의미가 담겨 있다. 그래서 스님들이 공양을 할 때는 꼭 의식을 집전할 때 수垂하는 가사와 장삼을 입는다. 공양供養이라는 뜻을 풀이하면 '베풀어서 기른다'라는 의미이다. 즉 베푸는 자가 지극한 신앙심을 가지고 베풀어서 부처님을 따라 수행하는 사람들이 성숙하고 완성도 높은 공부를 하도록 길러낸다는 의미가 있다.

발우공양은 차별 없이 똑같이 나누는 평등 정신이며 또한 남기는 것 하나 없이 모두 비우는 절약과 검소를 실천하는 정신이 담겨 있다. 게다가 중요한 공동체 의식을 고취시키는 식사 예절이다.

부처님 당시에는 하루에 딱 한 번만 식사를 하도록 정하였다. 이를 일종식이라고 한다. 또한 탁발托鉢이라고 하여 수행자 스스로가 머물던 숲에서 가장 가까운 마을을 찾아가 밥을 얻어다가 먹는 의식을 수행했다. 또한 탁발에는 칠가식七家食을 행했는데, 집집마다 방문하여 일곱 집을 돌 때까지 밥을 얻지 못하면 그날은 굶어야 했다. 그리고 밥을 빌러 갈 때도 출가 순서대로 차례를 지켜 일렬로 줄을 서서 행했다.

탁발 행위에도 네 가지 정신이 깃들어 있다.

첫째는 복리군생福利群生이다. 중생을 이롭게 하는 방법의 하나로서 누구에게나 나누어 주는 즐거움과 베푸는 마음으로 항상 자비로움을 잃지 않게 하자는 것이다.

둘째는 절복아만折伏我慢이다. 수행자로 살아가면서 교만한 마음이 자라지 않게 조복 받는 행위가 걸식인 것이다.

셋째는 지신유고知身有苦이다. 밥을 얻지 못한 때를 당하면, 배고픈 고통을 자기의 몸 안에서 기르고 있는 수고로운 존재임을 인식하라는 뜻이다.

넷째는 제거탐착除去貪着이다. 얻어먹는 마음가짐은 어떤 대상도 집착하지 않고 욕심내지 않으며, 만약 그 같은 마음이 생긴다면 탁발 정신을 통해서 모두 제거하고, 무소유가 수행자의 본분임을 깨닫게 하는 부처님의 무서운 가르침이 숨어 있는 것이다.

아직도 태국이나 스리랑카 같은 남방 불교국가 스님들은 전통을 지키며 탁발을 해서 의식주를 해결하고 있다. 그러나 우리나라 스님들은 계절적인 요인과 여러 가지 현실적인 여건이 맞지 않아 탁발해서 먹을 것을 구하는 방식은 취하지 않고 있다. 하지만 탁발 정신과 크게 다르지 않은 대체 수단으로 발우공양을 하고 있는 것이다.

발우공양의 순서는 맨 처음에 네 개의 그릇을 정사각형으로 펴 놓는다. 그릇마다 담는 용도가 따로 있다. 왼쪽에 제일 큰 그릇을 어시 발우라고 해서 여기에는 밥 외에는 일체 아무 것도 담을 수 없다. 그리고 두 번째 발우는 국을 담는 국 발우다. 세 번째 그릇은 맑은 물을 담는 청수 발우이고, 마지막 제일 작은 그릇은 찬 발우다.

출가 나이인 법랍 순서에 따라 청수물을 받고 그 다음 밥을 받는다. 그리고 국을 받는다. 반찬은 두 사람 사이에 하나씩 상에 가져다 놓는다. 여기에서 가장 중요한 것은 신호음인 죽비 소리다. 그 소리 외에 옆 사람과 잡담을 하거나 일체 말을 해서도 안 된다. 나눠준 음식을 덜어서 먹되 남겨서는 더더욱 안 된다.

처음에 밥을 받아놓고 게송을 외운다. 죽비의 신호에 따라 '탁!'

하고 한번 치면, 불상게(부처님 탄생에서 열반까지의 게송)를 외운다. 그 다음에 전발게(발우를 펴는 게송), 십염불(청정법신불 보신불 화신불), 봉발게(발우를 받들고 외우는 게송), 오관게(음식을 먹기 전 다섯 가지를 생각하며 읊는 게송)의 순으로 외운다.

여기서 오관게가 발우공양 게송의 핵심이다.

오관게 내용을 간단히 정리해 보면 "이 음식이 어디에서 왔는가. 내 덕행으로는 받아 먹기에는 너무 미안하고 부끄럽네. 욕심을 버리고 이 육신을 지탱하여 더욱 수행 정진하고자 약으로 생각하고 조금만 먹어야 겠네."라는 의미로 음식을 대하는 간절하고 고마운 마음을 나타내고 있다.

미백사米百事라는 말이 있다. 쌀 한 톨이 밥상에 오를 때까지 거치는 여러 가지 수고로운 과정을 숫자로 계산하면 100번이나 된다는 것이다. 씨를 뿌리고 가꾸고, 논을 매고 병충해를 방제하고, 추수하여 정제하는 과정과 쌀과 물이 만난 과정, 쌀을 담는 그릇과 밥을 짓는 솥 등 모든 것이 생산되는 공정을 모두 합치면 100가지도 넘는다. 흔히 쌀을 백미라고 하는데 물론 '흰 백白 자, 쌀 미米 자' 백미지만, 100가지의 수고로움이 담겨 있다는 의미도 나타내고 있다. 이렇게 밥 한 그릇 먹는 것도 순서와 절차와 예법을 지켜야 하는 스님들 식생활은 번거롭고 복잡하다.

발우공양의 마지막은 다 먹은 그릇을 처리하는 일이다. 먼저 공양을 하기에 앞서 반찬 그릇에 있는 김치 한 가닥을 남겨 놓는다.

밥을 다 먹고 나면 이것을 행주 삼아 젓가락으로 꼭 찍어서 청수 발우에 담겨 있는 물로 네 개의 그릇을 모두 깨끗이 씻는다. 씻은 물을 국그릇에 모아서 앉은 그 자리에서 다 마셔야 한다. 그리고 하얀 수건으로 잘 닦아서 지정된 자기 자리에 올려놓으면 발우공양은 끝이 난다. 한 톨의 낭비도 없는 식사 예법이다. 발우공양을 경험한 어떤 외국인은 경이롭기까지 하다고 하였다.

그도 그럴 것이다. 음식 찌꺼기를 조금이라도 남기지 않고는 식사를 할 수 없는 식습관이 배어 있는 사람들에게는 발우공양이 충격적일 수도 있다. 외국인뿐만 아니라 의식 있는 현대인들 중에 발우공양에 관심을 가지는 사람이 늘어나고 있다.

음식 쓰레기는 커다란 사회 문제가 아닐 수 없다. 우선 우리나라만 해도 그렇다. 전 국민이 먹다가 버린 음식물 쓰레기의 하루 배출량이 1일 1만 5천 톤이라고 한다. 커다란 5톤 트럭 3천 대가 하루 종일 치워야 하는 양이다. 또 연간 음식물 쓰레기로 낭비되어 버려지는 돈이 15조원이라 하고, 그것을 처리하는데 드는 비용만 8조원이라 한다. 게다가 환경을 오염시키는 음식물 쓰레기의 80퍼센트 이상이 해양에 투기된다는 것이다. 지금 우리는 엄청난 낭비에 동조하고 있는 것이다.

반대로 유엔식량기구의 발표에 따르면, 하루에 1,000명 가까운 생명들이 먹을 것이 없어서 죽어 가고 있다고 한다. 식량이 절대 부족한 국가는 28개국이며 앞으로도 점점 늘어나는 추세라고 발표

남을 용서할 때는 봄눈 녹듯 따뜻하게 하고, 자신을 용서할 때는 겨울 얼음처럼 냉정히 하라.

하고 있다. 선진국 곡물 시장에서는 남아도는 잉여 곡물들을 가축의 사료용으로 판매하고 있고, 유럽 국가들은 바이오 디젤이라는 에너지 개발에 귀중한 곡식을 쏟아 버리고 있다.

　기계에게 먹일 식량과 가축에게 먹일 식량은 있어도 인간에게 나누어줄 식량은 부족하다고 하니 잔인한 지구 가족의 미래가 두렵기도 하다. 게다가 2050년경에는 지구 온난화의 가속화로 인하여 굶어죽는 기아 인구가 년 1,200만 명에 육박할 것이라고도 한다. 전쟁으로 죽는 인구보다 배곯아 죽는 사람들이 훨씬 더 많을 것이라는 예측이다.

　기아에 허덕이며 고통 받고 있는 불쌍하고 가난한 지구 가족들을 생각해서라도 음식을 남기고 버리지 말아야 한다. 그리고 그들의 아픔을 함께한다는 의미에서 가능한 한 낭비를 줄이고 한 술의 밥을 먹을 때도 음식에 대한 고마움과 감사함이 배어 있어야 할 것이다.

아름다운 마음을 되살리는 방생

『금강명경』 제4권 유수장자품에 보면 이런 이야기가 나온다.

하루는 유수 장자가 아들 둘을 데리고 멀리 여행을 떠나게 되었다. 그런데 어느 강가에 이르렀을 때 그 지역 전체가 오랜 가뭄이 들어 물이 말라가고 있었다. 그 강에서 마음껏 헤엄치며 자유롭게 살고 있던 물고기 떼들이 숨을 헐떡이며 죽어가고 있었던 것이다. 하나 둘씩 말라 죽어가는 물고기들을 보고 너무나 안타까운 마음이 들었던 유수 장자는 자신이 가지고 있던 여행 경비를 몽땅 털어서 멀리 떨어진 호수로부터 물을 끌어다 강에 흘려보냈다. 그렇게 하여 죽어가는 물고기들이 다시 살아나 새 생명을 얻었다.

부처님 말씀이 담긴 『범망경』에는 누구나 생명을 사랑하는 마음으로 항상 방생을 하고 다른 사람도 방생 공덕을 짓도록 권하라는 내용이 있다. 게다가 혹 누가 살아있는 생명을 죽이려면 가능한 모든 방법을 다하여 죽어가는 목숨을 살려야 한다고 가르치고 있다. 그 일이 곧 불자가 할 수 있는 최고의 선善이라고 강조하고 있다.

이와 같은 경전에 근거하여 오늘날 불교에서는 매년 음력 3월 3일을 정하여 물고기를 사서 놓아주는 방생放生 의식을 하고 있다. 방생에 관한 이야기가 나왔으니 적석 도인이라는 분이 선언한 일곱 가지〔七種〕 방생도 함께 알아두면 좋을 것이다.

첫째, 슬하에 자식이 없는 사람은 방생을 하는 게 좋다.
둘째, 아기를 임신한 사람은 반드시 방생을 해야 한다.
셋째, 소원 기도를 시작한 사람은 방생을 하는 게 좋다.
넷째, 내생에 좋은 곳에 태어나기를 바라면 방생하는 게 좋다.
다섯째, 조상께 제사 지내기 전에 방생을 해야 한다.
여섯째, 시험을 보는 사람은 더욱 정성을 다해 방생해야 한다.
일곱째, 염불을 해서 성불하고자 하는 사람은 방생하는 게 좋다.

이상의 칠종 방생은 일반적으로 시중에서 파는 물고기를 구해서 강에다 놓아 주라는 말이지만, 불교의 방생 의식은 생명을 사랑하는 근본 정신이 담겨 있는 동시에 죽어가는 생명을 살리는 데 목적을 두고 있다. 그러나 불자들이 그동안 거행해 온 방생 의식은 조금 문제가 있었다. 물고기 몇 마리를 사다가 강이나 바다에 놓아 주면 그게 방생의 전부인 것으로 알았던 것이다. 하지만 무조건 고기를 사다가 살려 주어야겠다는 단순한 방생 문화는 또 다른 문제를 안고 있다.

이 땅의 강이나 호수 같은 곳에 서식하고 있는 토종 물고기들이 무분별하게 수입한 외래 변종 물고기들에 의해 잡아먹히는 생태계의 혼란을 불러온 것이다. 우리의 자연계를 위협하는 외래종 물고기들을 다시 잡아들여야 할 웃지 못할 지경에 놓인 것이다.

몇 년 전부터는 불교인들 스스로가 고기 방생을 자제하고 있다. 꼭 해야 될 경우가 생기면 토종 물고기인가를 확인하고 가려서 하는 지혜도 생겼다. 어떤 불자들은 물고기 방생의 대체 수단으로 조류 방생도 하고 노루 같은 축생을 방생하는 사람들도 있다. 그러나 무엇인가 개운치 않은 점이 있다. 꼭 물고기나 조류 같은 것들을 고집하고 비싼 돈을 주고 사다가 놓아 주는 것만이 방생인지 재고해 보아야 한다. 방생의 참 뜻을 새로운 의미로 해석하고 접근해 보아야 한다.

물고기나 조류 등을 살 수 있는 돈을 모아서 보다 의미있는 곳에 쓰는 것은 어떨까. 지금 이 시간에도 수술비를 마련하지 못해서 병원 문 밖으로 쫓겨난 딱한 사정을 가진 환자들이 얼마든지 있다. 그들의 꺼져가는 생명을 살리는 일에 도움을 주는 사람은 진정한 방생이 무엇인지를 아는 참 불자이다.

앞에서 말한 물고기 방생은 소극적인 방생이고 인류애에 호소하는 방생은 적극적인 방생인 것이다. 또 고아원이나 양로원 같은 복지시설에 가서 손수 밥 한 끼라도 따뜻하게 지어 먹이는 정성 어린 인간 방생도 있다. 산동네에 홀로 사는 독거노인이나 부모가 없어서 어린 나이에 억지로 소년소녀 가장이 된 불우한 아이들에게 사랑의 마음이 듬뿍 담긴 밑반찬이라도 조금 해다 주면 물고기 수천 마리를 방생하는 것보다 나을 것이다. 하지만 번거롭고 생색 안 나고 귀찮은 일을 누가 쉽게 하려고 하겠는가. 서글픈 일이다.

　남을 위한 방생도 중요하지만 스스로 자기 자신을 방생하는 일도 게을리 하지 말아야 할 것이다. 한 번 생각해 보자. 우리는 지금 몸과 마음이 지쳐 있다. 왜냐하면 스스로 붙들고 놓아버리지 못하는 탐욕과 집착이 자기자신을 서서히 죽이고 있기 때문이다. 그러한 마음들을 놓아버리는 방생을 해야 한다. 한 생각 돌이켜서 마음만은 어떤 것으로부터도 구속되고 복속, 예속되지 않고 새의 깃털처럼 가볍고 바람처럼 자유로운 삶이 되도록 방생해야 한다.

　현실 세계에서는 좀처럼 실현되기 어려운 난제라고 여길 수도 있을 것이다. 그러나 그렇게 어려운 일도 아니다. 나를 자유롭게 하는 일은 나를 버리는 작업이다. 그냥 놓아버리면 된다. 해방을 꿈꾸고 자유로운 길을 모색하는 사람이라면 자신을 방생하는 요령을 공부해야 한다. 그리하면 자신의 마음 안에 새로운 자기가 있음을 발견하게 될 것이다. 아름다운 눈이 열리는 경험을 할 수 있도록 시간 날 때마다 만사를 젖혀두고 혼자 조용한 곳에 자리를 펴고 앉아 고요히 명상을 즐기는 것도 한 방법일 것이다.

누구를 죽도록 사랑하고 있다면 그것도 놓아버려야 한다. 그러면 그 사랑이 또한 자신을 자유롭게 할 것이기 때문이다. 반대로 누군가를 지독하게 미워하고 있다면 그것 역시 마음에서 떠나보내는 방생을 해야 한다.

미움도 원망도 모두 날아가 버린 바로 그 자리에 행복한 자유가 찾아오는 것이다. 그것이 자신의 본래 아름다운 마음을 되살리는 길이다. 방하착放下着하라. 스스로를 방생하는 방법은 방하착하는 것이다.

인생을 어려움 없이 쉽게만 살려고 생각하지 마라. 그것은 정체된 삶이자 죽은 자의 삶이다.

변함없는 스승의 은덕

용천사 골짜기를 따라 올라가면 아름드리 소나무가 울창하게 들어서 있는 숲이 나온다. 숲 사이에 작은 오솔길이 하나 있다. 숨 한 번 크게 들이쉬면 솔내음이 폐부 가득 담겨져 온다. 이 길은 내가 즐겨 찾는 나의 전용 포행길이다. 이곳은 입산이 통제된 곳으로, 누구와도 함께 걸어본 적이 없는 혼자만의 비밀스러운 장소이다.

우선 숲에 들어서면 나를 반기는 새들의 노래 소리가 청량감을 주고 정신을 맑게 해 준다. 소나무 사이로 가끔 잡목들이 섞여 있는데, 나무들의 조금 높은 가지에는 예외 없이 이름 모를 새들이 또 새롭게 둥지를 틀고 저희들끼리 재미난 살림살이를 꾸려가고 있다.

새들의 지저귐도 듣는 사람에 따라서 다르게 느낄 것이다. 새가 슬프게 울고 있다고 느끼는 사람도 있을 것이고, 즐겁게 노래하며 자유롭게 날아다닌다고 생각하는 사람도 있을 것이다. 그 사람의 정서와 현재의 감정과 마음 상태에 따라서 같은 소리를 듣고도 전혀 다르게 느끼고 다르게 받아들인다.

꼬마 새들은 알에서 깨어나 얼마쯤 시간이 지나면 어미에게 호된 교육을 받는다. 그 교육이란 다름 아닌 새끼들을 둥지 밖으로 쫓아내서 스스로 날갯짓을 하여 날아다니지 못하면 죽음뿐이라는 생존 방식을 훈련시키는 것이다. 이제 겨우 날개 깃털이 돋아난 어린 새들은 처음 경험해 보는 비행 연습이 두렵기만 한 것이다.

더러는 겁 없이 본능적으로 날아가는 아기 새도 있지만 둥지 끝부분 난간에 서서 자꾸만 뛰어내리는 것을 주저주저하고 있는 새도 있다. 그럴 때 어미 새가 다가가서 툭하고 궁둥이를 사정없이 밀어버린다. 절벽에서 뛰어내릴 용기가 없는 자식은 살아야 할 가치가 없는 것이라고 여기는지 지독하고 냉혹한 방식으로 교육시키는 것이다.

거기에 비하면 인간 교육은 엄청난 물질과 시간을 투자해야 한다. 그러면서도 성공 확률이 기대치보다 낮은 것도 사실이다. 우리나라 교육 환경을 한 번 들여다보자. 돈으로 환산한 교육비 지출은 정부 예산만 약 31조원이 투입된다고 한다. 게다가 한국교육개발원이 추정한, 학부모들의 호주머니에서 나가는 사교육비만 따로 계산해도 한 해 33조원이 들어간다고 한다. 천문학적인 돈을 쏟아

붓는 것이다.

이렇게 온 나라가 정성을 다하는 교육 사업이건만 교육자나 피교육자 모두에게 만족한 교육이라고 평가 받지 못하고 있다. 교육법이 제정된 이후 지금까지 무려 12번이나 법을 바꾸는 근시안적 교육 정책이 우리 아이들을 끝없이 혼란에 빠뜨리고 있다. 교육은 백 년 앞을 내다보고 계획을 세워야 한다. 그런데 교육부 장관이 바뀔 때마다 조령모개朝令暮改하는 교육 정책은 그 자체만으로도 문제가 있다. 물론 교육 외적 요인과 내적 요인이 있겠지만 입시 위주의 교육은 이제 그만 두어야 한다.

교육이란 무엇인가. 흔히 교육의 목적 중 하나로 '지덕체합일知德體合一'을 말한다. 학문적 지식을 깊이 있게 하여 인격을 도야하고, 지혜롭고 품성이 넉넉하여 누구에게나 존경받는 사람으로 성장시키며, 건강한 몸과 마음으로 사회에 이바지할 수 있게 길러내는 일이 교육 사업이다. 그런데 교육에 대한 왜곡된 관심은 학벌주의 교육열에 의해 우리 아이들을 절대 절명의 석차 경쟁이라는 막다른 골목으로 몰아가고 있다.

입시 절대주의 교육 시스템 아래서 전인교육은 엄두도 낼 수 없다. 국어, 영어, 수학 중심의 칠판 기록 외우기 경쟁을 유아 교육에서부터 시작하고 있다. 이제 겨우 엄마, 아빠 정도의 우리글을 배우는 병아리같은 아이들에게 조기 영어 교육이 가당한 것일까. 본고사, 수능, 논술, 면접 등으로 이어지는 과중한 시험 과정을 거치면서 한 번 떨어지면 인생 낙제생으로 취급 받는 사회의 구조적 모순도 짚어봐야 할 것이다.

우열을 가리는 고등학교 입시생 자녀를 두고 있는 학부모들은 아이의 스트레스를 함께 극복하느라고 3년 내내 잠도 편하게 못 자는 죄인 신세가 된다. 이 같은 교육의 부정적 측면의 폐해는 아이들의 지적 편협성과 정서 붕괴 현상, 도덕성 상실을 가져오고 있다. 거기에 더하여 선생님에 대한 존경심도 땅에 떨어진 지 오래다. 선생님을 자기네 친구쯤으로 여기고 함부로 대드는 버릇없는 아이들을 어떻게 받아들여야 할지 난감할 뿐이다.

어디 그뿐인가. 교육 현장에서는 폭력 교사, 체벌 선생님이 늘어나고 있다. 이 같은 현상은 선생님들만의 잘못이라고 할 수는 없다. 적어도 직업적인 선생님이 아니라 스승님으로서 우리 아이들이 진정으로 존경하고 따를 수 있는 스승은 점점 줄어들고 있다. 아이들에게 믿음을 주고 가치관과 행동까지도 흠도하고 흉내내고 싶은 인격을 갖춘 이상적인 스승상이 부족한 이유가 뭘까.

오늘날 이 사회는 스승을 스승답게 믿고 따르고 예우해 주는 분위기가 아니다. 조금 심하게 꾸지람을 주는 선생님들이 당하는 곤혹스러운 경험 사례는 너무 많다. 일부 몰지각한 학부모들이 떼로 달려와서 제 아들 못난 것은 탓하지 않고 선생님들 멱살부터 잡는다. 아이들 앞에서 교육자라는 사실이 수치스러울 만큼 모욕적인 언사를 서슴치 않는 사람도 있다고 한다.

군사부일체君師父一體라 하여 스승의 그림자도 밟지 않는 것이 교육자와 피 교육자의 관계였는데 어쩌다가 이 지경이 되었는지 안타깝기만 하다. 지적으로 성숙한 학문과 정서적으로 여유 있는 가치관을 연마하는 아이들에게 있어서는 실력 있는 선생보다 좋은 스승을 만나는 인연이 중요하다. 학창 시절을 뒤돌아보면 누구나 잊지 못할 스승 한두 분쯤은 기억 속에 남아 있을 것이다.

　우리 절집에서도 처음 머리를 깎고 출가하면 평생 동안 자신을 지도해 주는 스승을 정하고 스승과 제자됨을 증법證法하는 의식을 가진다. 은사 스님으로부터 부처님 말씀대로만 살아갈 것을 서약하는 계를 내려 받는다. 그리고 지난 날 속가에서 쓰던 고유인의 이름을 버리게 하고 새로운 법명을 지어 주신다. 그렇게 해서 은사 스님과 상좌의 인연을 맺게 되는 것이다.

　절집의 스승 제도는 일반 사회에서처럼 문자적 지식을 주입해 주는 스승이 아니다. 은사 스님의 역할은 단순한 불교 공부만 교육하고 훈육하고 지도해 주는 데 끝나지 않는다. 때로는 후견인이 되어 부모의 역할을 모두 감당해 주기도 한다.

　나는 내 일생을 통해 유일하게 단 한 분 존경하는 스승이 계신다. 남들이 뭐라고 하건 나는 나의 은사 스님을 경애敬愛하는 마음을 감추고 싶지 않다. 은사 스님은 내게 있어서 친부모 이상의 은혜를 베풀어 주신 분이기도 하다. 그 어른의 모습만 떠올려도 마음 한 쪽이 훈훈함을 느낀다. 그분과 인연 맺게 해 주신 부처님 가피에 더

없이 감읍할 따름이다. 큰스님을 스승으로 모신 도제徒弟는 몇 명이 되지만 그동안 무던히도 은사 스님의 속을 썩이고 힘들게 했던 제일 못난 제자이기에 더욱 그러하다.

아무리 그릇된 길을 간다 해도 은사 스님께서는 끝까지 실망하지 않으시고 나를 믿어 주셨다. 이제라도 은사 스님이 바라는 수행자의 모습으로 거듭나고자 각오를 새롭게 한다. 나의 은사 스님은 불국사 주지이며 회주로 계시는 성타 큰스님이다.

큰스님에 대해 주위 분들은 "자네 스승은 한 점 흐트러짐 없는 승가의 양심이며 자다가 만져 봐도 변함없는 스님일세. 참 검소하고 겸손한 어른이지."라고 말씀하신다. 큰스님의 인격을 잘 나타내 주는 말씀이다. 나는 큰스님 문하의 도제가 된 것을 일생의 큰 의미이며 행운이었다고 믿는다.

요즈음 잘못 인연 맺어진 스승과 상좌의 관계는 서로에게 씻을 수 없는 상처를 주기도 하고, 심한 갈등을 겪다가 끝내는 인연을 끊거나 속퇴하는 사람들도 더러 있다. 심지어 스승과 제자가 법정 싸움까지도 불사하는 극단적 악연으로 이어지는 잘못된 만남도 있다. 이 시대는 은사恩師다운 은사, 선선인先善人다운 스승을 만나는 인연도 그리 쉬운 것이 아니다. 좋은 스승과 오래도록 좋은 인연을 맺고 좋은 가르침 속에서 수행하는 복도 아무나 가질 수 있는 게 아닌가 보다.

잠들지 마라

 종교 의식을 거행하면서 없어서는 안 되는 몇 가지 도구들이 있다. 개신교회에서는 예배를 올릴 때 촛불을 켜두는 촛대나 다 함께 찬송가를 부를 때 쓰는 반주기 같은 것이 있고, 성당에서는 미사 집전에 쓰이는 포도주 잔이나 성수를 담는 그릇 등이 그러한 종교 의식 도구들이다.
 불교의 전통이 오래된 중국이나 일본, 우리나라같이 불교 신자들이 많은 나라에서도 불교 의식을 집전하는데 필요한 도구들이 몇 가지 있다. 그 가운데 목탁은 크기와 모양은 약간씩 달라도 한국, 중국, 일본에서 사용하는 공통된 불교 의식 도구 중 하나이다.
 중국의 목탁은 항아리만큼 커다랗다. 목탁을 세워 놓고, 장대같이 길고 무겁게 생긴 목탁채를 두 손으로 잡고 두드린다. 일본 목탁은 아주 조그만하고 앙증맞게 생겼다. 목탁 밑에다 받침대 베개를 만들어서 톡톡톡 치는 모습이 이색적이다. 우리나라 스님들이 예불이나 기도할 때 쓰는 목탁은 손에 들고 치기에 적당한 크기로 한두 시간 들고 두드려도 크게 무리가 없다.

목탁의 유래는 수행자들에게 큰 의미를 가진다.

옛날 어떤 나라에 불교를 공부하던 스님이 있었다. 스님은 하라는 공부는 하지 않고 매일 낮잠만 자고 게으름을 피우다가 늙어서 죽게 되었다. 그렇게 죽은 스님은 신도들이 가져다 준 시주물을 공짜로 먹고 입은 죄를 지어 인간으로 태어나지 못하고 물고기로 태어났다. 물고기가 된 것도 모자라 등에 큰 나무가 자라는 형벌을 받았다.

그러던 어느 날 가까운 절의 큰스님 꿈에 물고기 스님이 나타났다. 물고기는 후회와 참회의 눈물을 흘리며 자신의 처지를 이야기했다. 그리고는 등에 자라고 있는 나무를 베어다가 물고기 모양의 나무 목탁을 만들어서 두들겨 주면 인간으로 다시 태어나 물고기처럼 잠들지 않고 부지런히 공부하겠다고 약속을 했다.

다음 날 물고기가 가르쳐준 장소에 가 보니 등에 나무가 자란 물고기가 죽어 있었다. 그래서 그 나무를 베어다가 목탁을 만들어 기도할 때마다 물고기의 소원대로 인간으로 다시 태어나기를 빌어 주었다고 한다.

이러한 목탁의 유래에 따라 오늘날에도 스님들이 목탁을 치며 정진하고 있다.

우리나라 절집에서 목탁은 의식 집전에서 쓰이기도 하지만 한편으로 대중 스님들을 부르는 신호음으로도 쓴다. 공양 시간을 알리며 밥 먹으라고 치는 목탁은 한 번 두드린다. 그리고 모두 모여서 일하러 나가자고 할 때는 두 번을 친다. 또 중요한 일이 있어서 절 경내에 있는 모든 사람들을 다 불러 모을 때는 세 번을 두드린다. 그러면 지위고하를 막론하고 누구든 빠짐없이 모여야 한다. 새벽 잠을 깨우는 도량 목탁이라든가 저녁에 편안하게 잠들라고 잠자는 시간을 알리는 삼경 목탁 등 절집에 사는 스님들은 목탁소리에 일거수일투족을 맞춰 수행하고 있다.

용도에 맞게 그때그때마다 다양하게 내는 목탁소리의 의미를 스님들은 잘 알고 있지만 일반인들은 모르는 경우가 많다. 기도나 정근할 때 내는 목탁소리도 그냥 아무렇게나 두드리는 것이 아니다. 일 자 목탁이라고 해서 소리의 높낮음이나 간격의 차이가 없이 두드리는 것은 반야심경을 외울 때 치는 목탁소리다. 처음 먹은 그 마음, 즉 초발심을 변하지 말고 끝까지 가지고 가는 수행자가 되라고 하는 의미다.

파도 목탁도 있다. 다른 긴 경전을 외울 때 소리를 점차점차 가늘게 했다가 다시 크게 올리고 다시 내리고를 반복하는 이른바 파도치는 형상과 같은 목탁소리다. 이 소리는 만물의 조화가 사라졌다가 다시 나타나고 죽었다가 다시 태어나는 생로병사 윤회의 변화무상한 우주 질서를 일깨워주는 의미가 담겨 있다.

부처님 이름을 부르면서 정근할 때 치는 목탁소리는 목탁소리 중에서 백미로 꼽힌다. 또르륵 딱, 또르륵 딱, 마치 처마 끝에서 낙숫물이 떨어지듯이 수없이 거듭 반복하여 두드리는 목탁소리다. 이 소리도 깊은 의미가 있다. 아무리 두껍고 강한 돌덩이라도 한 곳에 집중해서 떨어지는 물 한 방울 한 방울이 돌구멍을 뚫는 무서운 이치를 알아야 한다. 처음에는 잘 안 되는 일이어도 쉬지 않고 오래오래 하다 보면 언젠가 목적한 바를 꼭 이룰 날이 있다는 확신을 심어주는 뜻이 담겨 있다.

불교에서는 '잠들지 마라. 헛꿈에 시달리게 된다' 는 말이 있다. 그것은 정말 잠자지 말라는 의미가 아니다. 처음 부처가 되겠다고 출가했던 그 정신을 놓아버리고 딴 생각에 빠지는 것을 우려하고 경책하는 말이다.

이렇듯 목탁소리가 우리에게 전하는 여러 가지 뜻을 새기면서 육신은 잠들어도 정신이 잠들지 않고 쉼 없이 수행 정진하는 수행인으로 살아간다면 더없이 성공한 삶을 살아갈 것이다.

마음을 어지럽히는 무명초

예전에는 멋을 좀 부릴 줄 아는 남자라면 이발소에 가서 머리를 깎고 젤리 같은 기름도 반질하게 바르고 다녔다. 머리가 하얀 나이 먹은 신사들은 머리에 검은 염색을 하여 모양을 내곤 했었다. 그때만 해도 살기 힘들 때라 이발소 출입이 가능했던 것은 그나마 먹고 살 만한 여유가 있는 집 사람들이었다.

형편이 어려운 집 사람들은 몇 달을 감지 않은 듯한 수세미 모양의 길게 자란 머리카락을 잘 들지도 않는 가위로 숭덩숭덩 무질서하게 자르고, 마치 까치집 같이 된 모양을 감추려고 머리 수건으로 질끈 묶고 다니면 그만이었다. 가난한 집 아이들은 머리카락도 더 빨리 자라는 듯했다. 또 머리에 이는 왜 그렇게 많은지…… 남자

아이, 여자 아이 할 것 없이 머리에 이가 생기면 으레 머리카락을 몽땅 다 잘라 까까머리를 만든 후에 하얀 가루같은 것을 뿌렸다. 그게 요즘 같으면 소독하고 치료약을 바른 셈인데 그때는 위생적이다, 비위생적이다 하는 소리는 다 배부른 이야기였다.

어쩌다 출장 이발사의 선심으로 돈도 안 받고 길거리에서 대충 기계로 밀어 올린 머리에 기계충이 오르기도 했다. 마른버짐같은 게 퍼지면 머리는 군데군데 머리카락이 빠졌다. 그래서 비온 뒤 웅덩이 파진 모양새를 하고 다닌 적도 있었다. 그래도 좋다고 코를 훌쩍거리며 다녔던 기억이 난다.

시대가 많이 좋아진 탓에 요즈음은 남자들도 여자들만 다닌다는 미장원에 가서 머리를 깎는다. 미장원에서는 머리를 깎는 것은 물론이고 머리 모양까지 만들어 낸다. 머리 디자인을 하는 사람이 따로 있어서 마치 옷감을 이렇게 저렇게 맞추고 단추는 어디쯤에 달고, 허리와 어깨는 좁게…… 이렇게 디자인 하듯이 얼굴 생김새에 따라 전혀 다른 사람을 만들어 내는 게 신기하다.

거리에 다니는 젊은 남녀들을 보면 자신감 있고 생기 넘치는 모습들이 나쁘지 않아 보인다. 그러나 지나치게 머리 모양새를 못살게 만들어 놓은 사람들을 보면 왠지 거부감이 느껴진다. 우리나라 고유의 검은색은 저주를 받았는지 파란색 노란색 빨간색 물감으로 머리카락을 물들이고 그것도 모자라서 어떤 젊은이는 지레 늙고 싶었는지 흰색으로 염색한 모습도 눈에 띈다. 저 멋에 사는 세상에 누가 뭐랄 사람이야 있겠는가. 하지만 정도가 좀 지나치다는 생각이 든다.

누가 어떤 모양의 머리를 했건 그 머리를 그렇게 한 이유가 있을 것이다. 자신만의 독특함을 표현한 것일 수도 있다. 그러나 머리 모양은 자신의 생각을 나타내고 마음에 담겨 있는 그 무엇을 표현하는 것이다.

단정하게 빗어 올리고 뒷머리에 쪽을 지고 비녀를 꽂은 그 옛날 아낙네의 모습은 정말 정갈한 자태마저 느껴진다. 또 곱게 빗은 생머리가 어깨까지 치렁이는 숙녀들의 뒷모습 역시 때 묻지 않은 백목련의 화사한 기품이 깃들어 있는 듯 더욱 멋있어 보인다. 또 있다. 우리 어린 여학생들의 곱고 예쁘게 땋은 머리도 단정한 교복과 함께 어울려 순수성이 돋보이고 아름답기만 하다. 그런데 말쑥하게 차려입은 신사의 머리가 수세미 같다면 그것은 좀 곤란하지 않겠는가.

이처럼 머리 모양은 그 사람의 품위와 성격을 나타낸다. 그것은 곧 그 사람이 자라온 환경과 무관하지 않으며 현재의 마음을 읽을 수 있는 잣대가 되기도 한다.

흔히들 여자가 마음이 변하면 머리 모양부터 바꾼다고 한다. 심경의 변화를 머리 모양으로 표현한 것이리라. 자신들의 뜻을 기어이 관철하고 말겠다는 굳은 결의의 한 수단으로 삭발을 하기도 한다. 자기들의 간절한 마음을 나타내고 있으니 제발 좀 알아달라는

바르게 보고 바르게 생각하라. 바른 생각은 바른 마음을 가지게 하고, 바른 마음은 바른 행동을 낳는다.

표현 방법일 것이다. 머리카락이 수난의 역사를 맞으면 그 시대는 불행한 시대인지도 모르겠다.

하지만 불가에서의 삭발은 그 의미가 좀 다르다. 불교 수행자들은 머리카락을 무명초라고 부른다. 본래 맑고 깨끗한 인간의 심성을 밝혀내는 수행자에게 있어서 머리카락처럼 거추장스러운 물건도 없다. 머리카락은 감아주고 닦아주고 빗어주고 묶어주고 잘라주고 모양내 주어야 한다. 게다가 그 갖은 모양새로 염색해 주고, 부드럽게 해 주는 약도 발라 주어야 한다. 어디 그뿐인가. 머리에 맞는 얼굴 화장품도 다양하게 구해서 칠해 주어야 한다.

불가에서는 머리카락이 자라는 것을 마치 내 마음을 어지럽히는 온갖 번뇌 망상과 다겁 생래에 익혀온 악습이 쉬지 않고 자라나는 것과 같다고 여긴다. 미움도 원망도 사랑도 그리움도 모두 잘라내야 하는 수행자들에게 있어서 머리카락을 삭발하는 것은 곧 번뇌 망상과 악습을 타파하고자 하는 마음을 담아내고 있는 것이다.

그래서 신라시대의 대 성자인 원효 큰스님께서는 "수행하는 스님들은 하루에 세 번씩 꼭 자신의 깎은 머리를 만져 보라."고 했다. 삭발한 머리를 만지며 자기가 누구이며 무엇을 하는 사람인지, 왜 머리를 삭발하고 출가 수행자가 되었는지 확인하라는 것이다.

이처럼 하루에 한 번쯤 삭발한 머리를 만지듯 현재 자신의 위치를 확인하며, 자신의 존재를 음미해 보면 어떨까.

낙산사 관세음보살

　우리는 한때 불행했던 과거를 가지고 있다. 좌우익의 사상적 갈등으로 빚어진 동족 살상의 역사가 있었다. 어디 그뿐인가. 여기에 친일과 반일이 덧씌워져 그 고통이 난마처럼 얽힌 역사도 맛보았다.
　거슬러 올라가 보면, 이씨 조선의 어설프고 못난 정치가들에 의해 무책임하게 저질러진 을사조약이 있다. 이를 빌미로 국민의 뜻과는 전혀 관계없이 일본 사람들의 식민 지배를 받아야만 했다. 암울한 그 시절 매국의 앞잡이들인 친일파들은 진짜 일본인보다 더 지독하게 제 나라 제 민족을 못살게 굴었다.
　훗날 식민시절에 친일을 했다는 이유로 단죄를 받은 지식인과 문인들 가운데 춘원 이광수도 끼어 있다. 그는 소설가, 평론가, 언론인으로서 그 시대에 존경 받는 인물 중 한 사람이었다. 한때 상해 독립군 정부와 긴밀한 관계를 가졌고 흥사단 조직에도 가입했던 그는 1919년 동경에서 조선청년독립선언문(2.8선언문) 초안까지 만든 사람이다. 하지만 끝까지 조국 독립을 위해 매진하지 못했다. 1942년 일본이 미국과 벌이는 대동아전쟁 끝 무렵, 수세에 몰린 일본인들이 우리의 젊은이들을 사지로 몰아넣는 학도병 징집에 앞장 서서 독려 연설을 하면서 지조를 꺾은 것이다.

춘원은 개인적으로 참 불행한 인물이다. 그는 해방된 조국에서 친일파로 낙인 찍혀 홀대를 받다가 6·25 한국전쟁 때 이북으로 끌려간 뒤 생사조차 확인할 길이 없게 되었다.

춘원은 조국의 혼란기에 갈등하는 지식인으로서 현실적 상실감과 괴리를 극복하지 못하고 정신적인 고통을 겪었다. 봉근이라는 여덟 살짜리 큰아들마저 폐혈병으로 죽게 되자, 자식의 죽음을 눈앞에서 보고 더욱 충격을 받는다. 그때 춘원은 스스로 무력감에 빠져 인생의 허탈과 허무함을 이기지 못하고 방황하였다. 마침 지인의 소개로 조계종 종정을 지내신 바 있는 대 선지식 청담 큰스님을 만나면서 큰스님의 자상한 가르침을 받게 된 춘원은 불교 공부에 깊이 빠지게 되었다. 청담 큰스님의 가르침에 영향을 받은 춘원 이광수는 불교 설화를 소재로 한 작품들을 많이 썼다.

그의 작품 중 〈꿈〉이라는 소설이 있다. 혹자는 다른 곳에 있는 사찰의 전설이라고도 하지만 관세음보살의 영험 도량으로 이름난 양

양 낙산사 원통보전을 무대로 꾸며진 이야기다.

이야기의 대강 줄거리는 이렇다.

어머니를 따라 절에 기도하러 온 달례라는 처녀를 보고 첫눈에 반해 버린 젊은 조신 스님이 이른바 상사병에 걸린 것이다. 앉으나 서나 길을 걸으나 그 처녀 생각을 떨쳐 버릴 수가 없었다. 그리하여 끝내는 병을 얻고 말았다. 그러한 조신 스님을 보고 어떤 노스님 한 분이 "자네는 무엇이 그리 걱정인가. 이곳 낙산사 원통보전의 관세음보살은 무슨 소원이든, 누구의 소원이든 다 들어 준다네. 어서 법당에 올라가 쉬지 말고 삼칠일만 기도해 보게나. 그러면 바로 소원을 이루고 말 것이야." 하고 말씀하셨다.

조신 스님은 노스님의 말을 믿고 원통보전에 올라가 그곳에 모셔진 관세음보살께 지극한 마음으로 기도를 하기 시작했다. 그러던 어느 날 달례 처녀가 조신 스님을 찾아 왔다. 두 사람은 집안의 반대를 무릅쓰고 함께 어디론가 도망을 갔다. 그리고 얼마 있지 않아서 아들 딸을 낳고 행복한 삶을 살았다.

그러다가 어떤 사고로 불행한 일을 당하게 되었다. 끝내는 그렇게 사랑하던 아내마저 빼앗기는 절망의 순간이 지나고 점차 흰머리가 나면서 늙어가는 초라한 자신의 모습을 발견한다. '참으로 인생이란 이렇게 무상한 것인가?' 하고 한숨을 내쉬며 잠에서 깨어 보니, 목탁을 치고 기도하던 중 잠깐 졸았던 짧은 그 순간에 달례 처녀와 한 평생을 살았다는 꿈 이야기다.

이 작품의 소재가 된 낙산사 원통보전은 의상 대사가 기도를 하다가 관세음보살님을 직접 친견한 사찰로 유명하다. 의상 대사는 이곳에서 관세음보살님이 내려주신 수정주를 받았다고 한다. 이어 의상 대사는 자신이 생생하게 보았던 관세음보살과 똑같은 모습을 흙으로 빚어서 그 안에 수정주를 봉안하고 원통보전에 모시게 되었다.

지금 낙산사에 모셔진 건칠 관세음보살은 국가 지정 보물 1362호다. 지난 2005년 4월 대규모 산불로 인해 하마터면 그 같이 귀중한 관세음보살을 영영 우리 곁에 모시지 못할 뻔했다. 그 불은 우리나라 유일의 관음성지인 낙산사를 완전히 초토화시키고 말았다. 그 당시 원통보전에도 불이 붙었는데 원통보전에 모셔진 건칠 관세음보살상은 다행히 화마로부터 구할 수 있었다.

주지 소임을 맡고 있는 정념 스님이 죽음을 마다하지 않고 뜨겁게 타오르는 불 속으로 뛰어 들어가 손수 불상을 모시고 나와, 하나도 남김없이 다 타버린 잿더미 위에 오직 건칠 관세음보살상만이 유일하게 남게 되는 기적 같은 일이 있어난 것이다.

낙산사 가족들은 아직도 폐허가 된 낙산사를 다시 복원하고 원통보전을 본래대로 세우고자 밤낮을 가리지 않고 불사에 애쓰고 있다. 관세음보살의 가피력으로 하루 빨리 낙산사가 본래 모습을 되찾기를 기원해 본다.

풍경소리

노란 은행잎이 하나 둘씩 마당가에 내려앉는 가을. 햇살과 하늘은 왜 이리도 눈부신지…… 여름날 그렇게 청 푸르던 잎들이 시간의 무게를 끝내 이기지 못하고 변절해 버렸다. 나뭇가지에 정 붙이고 바둥거리며 매달려 사는 삶이 힘겹고 지치고 싫증난 것일까. 아니면 살랑거리는 바람의 꼬드김에 넘어간 것일까. 늦은 가을밤 대숲을 흔드는 바람소리는 마치 군마를 타고 달리는 말발굽 소리처럼 요란하기만 하다.

절집의 가을밤은 대웅전 처마 밑에 달린 풍경소리가 바람의 그네를 타고 서서히 익어간다. 언젠가 등산객 서너 명이 내게 다가와 절집의 처마 밑에 풍경을 달아놓은 뜻이 무엇이냐고 물은 적이 있다. 어떤 사람은 그냥 소리가 은은하고 좋아서 매달아 놓은 것이라고도 하고, 날아갈 듯 지어진 한옥의 처마 끝을 돋보이게 하기 위해 멋을 살리는 장식품쯤으로 이해하는 이도 있다. 틀린 말은 아니다. 풍경은 주로 티벳 불교나 중국 불교 사원에서 많이 볼 수 있다. 그들은 탑을 높이 쌓고 탑의 층마다 그 난간에 수천 개의 풍경을 달아서 부처님의 말씀을 상징적으로 전하는 한 방법으로 사용한다.

풍경을 달리 '풍탁風鐸'이라고 한다. 바람에 매달아 놓은 방울이라는 뜻이다. 또는 '풍령風鈴'이라고도 하는데, 역시 바람에 흔들거리는 쇠방울이라는 말이다. 풍경은 작은 종을 달고 그 밑에 물고기 모양의 얇은 쇠판을 오려서 매달고, 다시 그 밑에 추를 달아서 바람이 불 때마다 저절로 땡그랑 소리를 내는 요령이다.

요령은 스님들이 기도의식을 집전할 때 쓰는 도구다. 풍경 밑에 물고기 모양의 쇠판을 달아놓은 것은 수행자의 게으름을 경책하고 따져 묻는 소리로 사용하기 위함이다. '물고기처럼 잠들지 말고 부지런히 공부하라고 일렀거늘 오늘도 그대들은 헛되이 시간만 보내고 있구나. 땡그랑!' 하고 경책하는 것이다. 또 요령이라고 하는 것은 글자대로 풀이하면 간절히 구하는 쇳소리라는 말이다. 무엇을 그렇게 간절히 구하는 것인가. 구할 것 없는 본래 청정한 마음자리를 구하는 것이다.

풍경을 달아놓은 또 다른 의미는 이러하다. 과거와 현재와 미래의 생명으로 존재하는 동안 필연적으로 죄 지을 수밖에 없는 중생

강하다고 여겨지는 것은 생명력이 짧다. 오히려 부드러운 것이 더 오래 간다.

의 업을 받은 사람들은 죽어서 괴로움이 일 초의 간격도 두지 않고 이어지는 무간 지옥에 태어난다고 한다. 풍경소리는 그 지옥에서 신음하고 있는 뭇 영혼들의 고통을 덜어주고 그들을 위로하며, 다시는 그 같은 고통을 받지 말 것을 가르치는 부처님의 말씀이 담긴 진리의 음악이다.

풍경음의 파장은 온 밤을 떠다니며 이곳저곳 어두운 곳에 숨어서 누구를 원망하고 미워하며 끊임없이 죄업을 쌓고 있는 사람들과 영혼들을 향해 친절하게 이렇게 전한다. '어서 어서 죄를 씻고 뉘우치고 참회하십시오. 그리하여 새로운 날에는 묵은 앙금을 모두 털어버리고 새롭게 태어나십시오.' 하고 말이다.

어쩌다 절집에 들러서 풍경을 바라보고 그 소리를 들을 수 있는 기회가 있다면 그저 단순한 쇠방울 소리가 아니라고 생각해야 한다. 풍경소리를 들으며 참 나를 돌아보는 기회로 삼아야 한다. 그동안 살면서 나는 지옥의 고통을 받을 만한 일을 한 적은 없는가. 사후에 저 풍경소리를 들으며 후회하지 않을 수 있겠는가.

염주를 돌리며

 사람이 늙어 간다는 것은 참 아름다운 일이다. 늙음의 아름다움이란 서쪽 산으로 넘어가는 붉은 저녁 노을을 뒤로 하고 하루 일을 끝낸 농부의 땀과 흙이 묻은 얼굴처럼 꾸밈없는 모습을 말하는 것이다.

 우리 절에도 그 같이 아름답게 늙어가는 노 보살님이 한 분 계신다. 칠순이 넘은 나이에도 절에 행사가 있으면 빠뜨리지 않고 꼭 참석한다. 누구나 똑같이 부처님께 기도드리러 오지만 이 노 보살님은 자기만의 독특한 방법으로 기도를 한다. 대부분의 사람들은 법당에 가서 스님과 함께 염불 기도를 하고 나서 설법을 듣고 그 다음에 공양을 하고 돌아들 간다.

일반적으로 불자들의 법회 참석 순서가 이러한데, 이 노 보살님은 먼저 부처님께 108배를 하고 나면 그것으로 기도를 다 마친 것이다. 그 다음은 바로 부엌으로 간다. 부엌에 가서 쓸고 닦고 온갖 허드렛일을 자신의 몫인 양 한다. 젊은 사람들이 공양을 하고 나가면 그들이 먹은 그릇들까지 모두 깨끗하게 씻어 놓는다.

한사코 만류해도 업장이 두터워서 염불 기도로는 죄를 다 씻을 수가 없다며 보살행을 실천한다. 하루 종일 지치지도 않고 절집의 잡다한 일을 손수 다 한 후에야 스스로 기도가 끝났다고 생각하고 저녁나절에 지팡이를 짚고 집으로 돌아간다.

하루는 너무도 수고로운 노 보살님의 마음이 고마워서 108염주를 하나 목에 걸어 드렸다. 그것마저도 받지 않겠다고 사양했지만 특별히 선물하는 것이니 거절하지 말라고 당부해서 겨우 받아들이셨다.

염주를 받고 나서도 지나치다 싶을 정도로 감사하는 마음을 표하고 연신 고개를 조아리셨다. 그 후로는 절에 올 때마다 내가 드린 염주를 자랑스러운 훈장처럼 목에 걸고 오셨다. 그리고는 염주는 어떤 의미를 갖고 있으며 어떻게 기도해야 할지를 묻곤 하셨다.

염주念珠를 풀이하면 '생각 염念', '구슬 주珠', 즉 생각하는 구슬이라는 뜻이다. 염주를 '수주數珠'라고 해서 숫자를 헤아리는 구슬이라고도 하고, 송주誦呪 또는 주주呪珠라고도 한다. 염주는 기도하는 사람의 생각이 잠시라도 부처님을 떠나지 않게 잡아두는 역할을 한다. 마치 항구에 정박하고 있는 배가 파도나 바람에 밀려서 떠내려가지 않도록 강 포구에 묶어두는 것과 같다.

주주나 송주 역시 염불을 하면서 잡다한 생각들을 떨쳐버리고 오직 부처님 경전을 읽거나 외우는 데 집중할 수 있도록 보조 역할을 하는 쓰임새의 의미가 있다. 수주도 일심으로 부처님 명호名號를 부를 때 한 알씩 넘기면서 염불의 숫자를 헤아리는 데 쓰인다. 얼마나 기도를 많이 했는지, 혹은 기도를 게을리 하지는 않았는지 확인하고 더 열심히 정진해야겠다는 신심을 일으키는 도구로 사용된다.

염주를 만드는 재료는 율무, 보리수, 연꽃 열매, 다라수, 유리, 은이나 동, 철재도 있고 모감주나무 등 다양한 종류가 있다. 요즈음은 옥돌이나 여러 가지 색상의 돌로 가공된 중국제 염주들이 많이 눈에 띈다.

꿰어진 염주 알의 수는 1,080, 108, 54, 27개로 되어 있다. 1,080개는 상품주라 하고, 108개는 최승주, 54개는 중품주라고 한다. 손목에 끼고 다니는 단주의 숫자는 21, 16, 7개로 만들어져 있다. 앉으나 서나, 어디에 머무르거나 어디를 가거나, 말이 있을 때나 없을 때나 자신이 지금 부처님의 말씀대로 살고 있는지 늘 점검하는 도구가 바로 염주다.

염주의 시작은 『목환자경』에서 비롯된다. 난국의 왕 파유리는 나라가 어려움에 처하자 부처님께 사신을 보내 "거룩하신 이여,

죽음을 두렵게 받아들이는 인생은 오늘을 충분히 사랑하지 못한 것이다.

저희 나라는 해마다 흉년이 들고 질병과 도둑떼가 창궐하여 나라가 망하게 생겼습니다. 부디 자비를 베푸시어 저희가 어떻게 기도하면 이 난국을 극복할 수 있는지 방법을 일러 주소서." 하고 도움을 청하였다.

그때 부처님께서 말씀하시기를 "목환자나무 열매 108알을 줄에 꿰어 온 백성들이 고루 나누어 가지고 쉬지 않고 관세음보살을 염송하라. 그리하면 잡귀들이 물러가고 화를 쫓고 복을 부르는 기운이 나라에 가득할 것이니라."라고 가르쳐 주셨다.

이렇게 해서 염주 기도가 생긴 것이다. 요즈음은 남녀를 불문하고 악세서리처럼 염주를 많이 끼고 다니는 것을 볼 수 있다. 단주 하나쯤 장만해서 염주의 의미를 새기며 손목에 끼고 멋을 부려 보는 것도 나쁘지 않을 것 같다.

망인이 가는 길

　흔히 비행기나 로켓포보다 더 빠른 것은 없다고 알고 있다. 오늘날 과학자들이 만들어낸 속도의 한계는 여기까지다. 그러나 더 빠른 속도도 얼마든지 있다. 속도의 빠르기를 한번 비교해 보자.
　우선 지상에서 탈 것의 속도가 있다. 하지만 씽씽 달리는 자동차의 속도는 겨우 시속 몇 백 킬로미터 정도가 고작이다. 그것보다 빠른 것이 우주 비행선이다. 우주 비행선은 '마하'라고 하는, 소리보다 빠른 음속으로 날아간다. 음속보다 더 빠른 것은 아직 과학자들의 손에서 연구되어지고 있는 빛의 속도, 즉 광속이다. 이 속도는 얼마나 빠른지 번갯불처럼 번쩍하는 찰나적 순간에 날아가기 때문에 눈으로는 도저히 그 모양을 볼 수 없는 속도를 말한다. 이른바

'전광석화電光石火와 같다'는 속도다.

그러나 그보다 더 빠르고 놀라운 속도가 있음을 부처님께서 일러주셨다. 그 속도는 바로 염속念速이다. 시속時速은 시간의 속도요, 음속音速은 소리의 속도요, 광속光速은 빛의 속도요, 염속念速은 생각의 속도다.

그렇다면 이 같이 속도를 비교하는 것이 무슨 의미가 있는가. 한번 생각해 보자. 빠른 속도로 달리고 싶어 안달하는 도로 위의 난폭자들은 도로 여건상 불가능한 일이지만, 제 아무리 온 힘을 다해서 시속 300킬로미터의 속력을 내서 달린다고 가정해도 음속이나 광속, 염속과는 거리가 멀다.

하지만 이런 비교도 안 되는 졸렬한 속도에 피해를 당한 교통사고 환자가 해마다 늘어나고 있다. 그 같은 교통사고로 죽은 영가의 49재를 지내기 위해 유족들과 함께 절에 오는 사람들을 자주 접하게 된다. 한 번은 젊은 보살이 49재를 지내기 위해 절에 찾아왔다. 이제 갓 열 살도 채 안 되는 어린 자녀들을 둘씩이나 데리고 나타난 젊은 여인이 하얀 소복 차림을 하고 사진과 위패를 정중히 모시고 왔다. 절망스러운 표정은 눈물로 얼룩져 있었다

망자는 수명이 다하여 병으로 죽은 것이 아니었다. 자신의 잘못이나 실수에 의한 사망도 아니었다. 미치광이 같은 과속 운전자의 차에 치여 죽은 것이다. 그것은 너무 억울한 일이다. 졸지에 남편을 잃은 아내와 아빠를 잃은 어린 자녀들의 불행한 앞날을 누가 어

떻게 책임질 수 있을까. 그들을 보면서 정말 어처구니없는 세상이란 생각이 들었다. 참으로 안타까운 일이다. 그렇지만 차분한 마음으로 유가족들을 위로하고 절에서 49재를 왜 지내야 하는지 이유를 설명해 주어야 한다. 그래야만 이들이 조금이나마 마음의 평온을 찾을 수 있기 때문이다.

죽음이란 모든 장기의 기능이 정지되고 숨이 멎은 상태를 말한다. 또한 평소에 내 몸이라고 고집하던 육신과의 이별을 뜻하기도 한다. 즉 살아있는 동안 자연으로부터 빌려온 네 가지 원소를 자연으로 되돌려주는 작업이다. 부처님 경전 「무상계」에 나오는 네 가지 자연의 원소인 지地 · 수水 · 화火 · 풍風으로 흩어지는 것이다.

흙으로 돌아가는 것은 살과 뼈 등 썩어 없어질 물질들을 말하고, 물로 돌아가는 것은 소변이나 눈물, 혈액 따위를 말하고, 불로 돌아가는 것은 우리 몸을 돌고 있는 뜨거운 기운들을 말한다. 마지막으로 풍으로 돌아가는 것은 숨을 쉬고 호흡을 하면서 자연으로부터 빌려온 공기 등을 뜻한다.

지수화풍의 사대四大로 돌아가는 것을 집짓는 것에 비유해 볼 수 있다. 집을 짓기 위해서 필요한 철근은 제철 공장에서 구해 기둥을 세우고, 또 모래와 자갈, 시멘트 등은 각기 업자나 공장에서 사서 한 채의 집을 짓게 된다. 이렇게 되면 사람이 살 수 있는 훌륭한 주거 공간이 되는 것이다. 그러나 아파트가 낡아서 허물어지면 모래는 모래대로 철근은 철근대로 분리되어 누군가 수거해간다. 그렇게 되면 그 안에 살던 사람은 또 다른 주거 공간으로 이사를 가게 되는 것이다.

그와 마찬가지로 사람도 죽은 뒤에 새로운 인연을 따라서, 새 집으로 이사를 가듯 새 몸을 받게 된다. 그러나 죽자마자 바로 새로운 몸을 받는 것은 아니다. 사후 49일 동안 중음신中陰神이 되어 떠돌아다니게 된다. 흔히 죽음을 영면에 들었다고 말한다. 죽은 사람은 몸을 버린 뒤에 그 영靈만 남아서 계속 잠들어 있는 것이다. 그러다가 꼭 7일마다 한 번씩 잠깐 잠에서 깨어난다. 그것은 살아 있을 때 꿈을 꾸는 현상과 같다. 7일이라는 시간은 지구의 24시간과 같다고 보면 된다. 그래서 칠 곱하기 칠은 사십구일이 되는 것이다.

그렇게 중음신으로 떠돌다가 어서 빨리 새 집으로 이사 가고 싶은 사람처럼 자기의 영혼을 담을 새 몸을 찾아 이곳저곳을 기웃거린다. 영혼의 눈에 가장 많이 띄는 것은 암수가 교배하는 장면이다. 그 중에서 죽은 자가 살아 있을 때 평소 집착하는 습관과 행동에 맞아 떨어지는 인연의 교배 장면을 선택하여 함께 동화되는 순간 그는 그곳에 태어나게 된다.

그러면 왜 49재를 지내야만 하는가. 또 절에서 스님들이 7일마다 전혀 알아들을 수도 없는 염불 소리와 요령과 목탁소리로 일곱 번씩 지내는 49재가 어떤 의미를 가지는 걸까. 그것은 사자死者의 선택이 잘못되어 지옥에 태어나는 죄업이 있다면 대신 참회해 주고 짐승의 몸이나 구렁이 같은 몸을 고집하지 않도록 유도하기 위함이다. 그리고 부처님의 설법을 빌어서 최적의 환경과 이상적 조건에 부합하는 곳에 태어날 수 있도록 추천해 주고 안내해 주는 방법의 하나로서 49재를 지내는 것이다.

  이러한 49재의 의미를 이해하여 망자가 보다 좋은 곳에 태어날 수 있도록 함께 기도하고 발원해 주면 좋을 것이다.

기다리는 마음

전북 부안에 있는 내소사는 백제 시대 창건된 아름다운 천년 고찰이다. 내소사에는 아름다운 전설이 한 가지 전해져 내려오고 있다. 바로 내소사를 중창한 청민 선사의 일화다. 청민 스님은 예기치 않은 화재로 내소사가 완전히 불타버리자 이를 중건하기 위해 솜씨 좋은 목수를 찾아 나섰다. 그러나 마음에 맞는 사람을 찾지 못했다. 그러던 어느 날 수염이 하얗게 난 노스님 한 분이 찾아 왔다. 그 노스님은 일주문 밖에서 조금만 기다리면 법당을 지을 목수가 나타날 것이라고 귀띔을 해 주었다.

그날 이후로 청민 스님은 동자승 하나를 데리고 일주문 밖에서 하루 종일 솜씨 좋은 목수를 기다리기 시작했다. 하루가 지나고 또 하루가 지나도 노승이 일러준 기술이 뛰어난 목수는 나타나지 않았다. 한 달이 지나고 두 달이 지나도 끝내 목수는 오지 않았다. 주변 사람들은 하루도 빼먹지 않고 일주문 밖에 서서 목수를 기다는 청민 스님을 바보라고 놀리기까지 했다. 더러는 저렇게 기다리다 지쳐서 쓰러지는 것은 아닌가 하고 걱정하는 이도 있었다.

하지만 고집스럽게 기다린 보람이 있었는지 어느 날 해가 다 지는 어둑한 저녁 나절에 허름한 옷차림을 하고 뚜벅뚜벅 걸어오는 한 사나이가 있었다. 그가 바로 청민 스님이 오매불망 기다리던 솜씨 좋은 목수였다.

적당한 기술을 가진 목수를 데려다가 수월하게 법당을 지을 수도 있지만 청민 스님의 생각은 달랐다. 필생의 역작이 될 만한 법당을 정성껏 지어서 부처님께 바쳐야겠다는 일념뿐이었다. 그것은 대단한 신심이 아닐 수 없었다. 혼신을 다해 불사를 시작하겠다는 투철한 의지의 발로로 꼭 내소사에 어울리는 법당을 지을 수 있는 목수가 필요했던 것이다. 청민 선사가 그토록 오랜 시간을 기다린 목적에 부합하여 누가 부르지 않아도 자기 자리를 알고 찾아온 목수 역시 예사 인물은 아니리라.

사람은 누구나 자신을 알아주고 인정해 주는 쪽에 무게를 두기 마련이다. 그뿐만 아니라 자기의 가치를 아는 사람이라면 그를 위해서 자신이 가진 역량보다 더 가중된 정성을 기울이게 된다. 게다가 서로의 믿음과 신뢰감까지 돈독하다면 일의 성공 확률은 확실히 높다.

그러나 오늘을 사는 우리는 어떠한가. 대부분의 노사가 서로 믿고 의지하지만 일부에서는 서로의 실체를 인정하고 알아주기는커녕 서로 불신과 자신의 이익에만 급급한 실정이다. 사측이 회사 사정을 이야기하고 조금만 기다려 달라고 하면, 그 시간 이후 노조는 서울역 광장이나 광화문 네거리에 가야 만날 수 있는 분위기가 되고 만다.

사측도 마찬가지다. 가진 자의 포악이 심한 것도 사실이다. 노조의 어려움을 호소하면 머리를 맞대고 의논하기보다 회사 문부터 닫아 버리겠다고 엄포를 놓는다. 사주 측은 노조 측을 못마땅해 하고 노조 역시 사주를 신뢰하지 못하는 엉터리 같은 노사 관계는 선량한 다수 시민에게까지 불안감을 가중시킨다.

오늘날 노사 문화를 진단하는 몇몇 학자들의 이야기를 들어보면, 자본의 왜곡된 분배 구조를 타파하기 위한 노조의 본래 기능이 변질되어 가고 있다고 지적한다. 처음에는 임금 인상이나 근로 조건과 근무환경 개선 또는 근로자의 복지 문제가 핵심 논의의 대상이었다. 그러나 이제는 순수 근로자의 목소리라기보다 조직이 강화되어 호전적 형태로 바뀌어 가고 있다. 자기들과 아무런 관계도 없는 정치적 문제를 협상 테이블로 들고 나오기도 한다는 것이다.

정당한 권리를 획득하려는 다수의 건강한 노조마저 매도되는 우를 범하고 있는 것이다. 많은 사람들이 우려하는 이유는 이들이

빵 문제를 해결하기 위한 투사가 아니라 막강한 권력을 가진 지배 구조의 한 축으로 부상하려 하기 때문이다.

    건설 현장도 마찬가지다. 기술 있고 솜씨가 좀 있다는 양심있는 사람들조차도 공사 기간이 너무 짧다는 핑계를 대고 대충 적당히 해치우자는 심뽀들을 갖고 있다. 그것은 바로 부실 공사의 원죄가 된다. 건물을 세우거나 다리를 놓는 사업도 마찬가지다. 원청 업체가 맡은 공사는 끝까지 자기들이 보유한 기술 인력과 자금력으로 책임지고 일하겠다는 약속을 한다. 그러나 이들은 얄밉게도 자신의 이익만 뚝 따먹고 자기들보다 조금 작은 규모의 업체에게 몽땅 일을 맡겨 버린다. 쥐꼬리만큼 남겨진 이익은 또 그 아래 하청업자에게 넘어 간다.

    이런 구도는 역삼각형 모양으로 집을 짓는 것과 같다. 금방이라도 넘어질 것 같은 위험한 집이다. 한 번 되짚어 보자. 현장에서 일하는 사람들이 충분한 이익을 남겨야 공구나 자재를 구하고 인력을 구하는 데 물의가 없을 것이다. 어떤 바보가 남지 않는 장사를 하겠는가. 그 공사는 당연히 부실할 수밖에 없다. 정상적인 건축물이 되기 위해서는 수주된 공사 금액의 이익 분배 원칙이 투명하면서도 하후상박의 피라미드식 배분으로 바꾸어져야 함은 당연한 이치다.

남을 원망하기 좋아하는 사람은 자신을 돌아볼 줄 모르는 사람이다. 비판의 화살을 자신에게 돌려라.

내소사 불사를 일으킨 청민 스님 이야기에서 우리는 진정 중요한 것이 무엇인지를 배워야 한다. 적재적소에 꼭 필요한 사람을 찾기 위해 긴 기다림도 마다하지 않은 청민 스님의 불사 정신은 그래서 시사하는 바가 크다.

불심

신라 진평왕 7년(585년) 중국의 진나라로 가는 사신들을 따라 유학을 떠난 젊은 스님이 있었다. 그의 법명은 지명 스님이었다. 지명 스님은 중국에 건너가서 열심히 수행한 결과 어느 정도 공부가 끝나갈 즈음 자신을 지도해 주던 큰스님들에게 이구동성으로 "그대는 이제 고국으로 돌아가도 좋다."는 허락을 받았다.

　스님은 고국 신라로 돌아오기 전 중국에 있는 유명한 사찰들을 둘러볼 계획을 세우고 성지 순례 여행을 떠나게 되었다. 하루는 양자강 건너 낙양성으로 가게 되어 백마사라는 큰 절에서 묵게 되었다. 백마사 대웅전에 들어가서 부처님께 참배하고 108배를 하는데 갑자기 눈물이 쏟아지는 것이었다.

그러한 광경을 가만히 지켜보던 백마사 주지 스님은 지명 스님을 반갑게 맞이하였다. 기다리고 있었다며 처음 보는 사람을 반갑게 맞아 주니 지명 스님은 황송할 따름이었다. 주지 스님 방으로 안내된 지명 스님은 자기를 기다리게 된 연유를 듣게 되었다.

백마사는 중국의 유학승 마등 스님과 법란 스님이 인도로 건너가서 공부를 하고 중국으로 돌아올 때 석가모니 부처님 모습으로 조각된 불상 한 점과 경전 한 질을 털이 눈처럼 하얀 백마에 싣고 와서 창건한 사찰이라 해서 붙여진 이름이다. 그러나 10만 리가 넘는 대장정 길을 몇 년에 걸쳐서 경전과 불상을 싣고 온 백마는 중국에 도착해서 얼마 있지 않아 시름시름 앓다가 죽고 말았다. 자기 할 일을 다 하고 죽은 백마는 비록 축생의 몸을 받았지만 중국 최초의 불교 사원을 건립할 수 있도록 불상과 경전을 가지고 온 공덕이 너무나 컸다.

그래서 스님들은 논의 끝에 백마의 지극한 불심과 순교를 기리기로 했다. 백마가 죽은 바로 그 자리에 무덤을 만들어 백마총이라 하고, 절을 지어 백마사라고 불렀다. 주지 스님은 설명이 끝난 뒤 지명 스님을 데리고 절 옆에 있는 백마의 무덤으로 갔다. 백마의 무덤에 도착하여 참배를 하였다. 그러자 갑자기 무덤이 스르르 갈라지면서 무덤 안에서 그렇게 크지 않은 상자 하나가 나왔다.

지명 스님이 그 상자를 열어 보니 그 안에는 8면으로 깎아서 잘 다듬어진 거울 한 점이 있었다. 그리고 두루마리 편지 한 통이 나왔는데 거기에는 예전에 그곳에서 죽은 백마가 지명 스님의 전생이라고 기록되어 있었다. 충격적인 사실을 알게 된 지명 스님은 자신이 백마사 대웅전에서 흘린 눈물이 그만한 까닭이 있었음을 그제서야 깨달았다. 주지 스님은 거울을 지명 스님에게 건네주면서 "이 거울의 주인은 바로 스님입니다. 이것을 가지고 스님의 고국에 돌아가 절을 지어 만대에 불법이 홍성하도록 하십시오."라고 말하였다.

그 거울은 보물스러운 거울이라고 해서 보경寶鏡이라 불렀다. 이 스님이 바로 경북 포항에 있는 보경사를 창건한 지명 스님이다. 백마는 중국의 설화지만, 우리나라에도 축생의 몸으로 불심을 일으켜서 순교한 황소의 설화가 있다.

공주에 가면, 이름만 들어도 금방 알 수 있는 유서 깊은 명찰 갑사가 있다. 갑사는 그 옛날 왜적의 침공으로 1,000명이 넘게 살던 대가람이 흔적도 없이 사라진 폐찰이었다. 몇몇 뜻있는 스님들이 모여서 갑사를 다시 중건하고자 동분서주 뛰어 다닐 때였다.

어느 날 아침에 스님들이 일어나 보니 대웅전 앞마당에 큰 황소 한 마리가 어슬렁어슬렁 걸어 다니고 있었다. 아무리 나가라고 쫓아도 꿈쩍도 안 하고 큰 눈을 끔뻑거리며 마당만 빙빙 돌고 있었다. 그러자 어떤 한 스님이 소를 향해 "어이 우보살, 자네는 축생의 몸이라 출가 스님으로 받아 줄 수가 없구만. 어서 돌아가게." 하고 말했다.

스님들은 한바탕 웃고 나서 소 주인을 찾아주자는 데 의견을 모았다. 분명 이 부근 농가 어딘가 주인이 있을 것 같으니 소문을 내서 소를 빨리 찾아갈 수 있도록 하자고 했다. 절에 웬 황소가 나타났다는 말을 듣고 구경 오는 사람도 더러 있었다.

얼마 지나지 않아 부근 농가에 사는 소 주인이 나타나 황소를 끌고 갔다. 그렇게 소동을 벌인 황소는 다음날 아침에 또 절에 나타났다. 그러자 다시 주인에게 연락해서 소를 데리고 가게 하였다. 한 달 열흘을 꼬박 아침마다 절 마당으로 출근하는 황소의 고집을 꺾지 못하고 주인은 끝내 황소를 포기하기에 이르렀다.

소 주인이 스님들에게 "절에서도 소를 키우실 수 있다면 두고 갈까 합니다. 아무래도 저 녀석이 갑사와 무슨 인연이 있는 듯합니다."라고 말하고는 소를 두고 가버렸다.

얼마 후 화주를 위해 절을 떠났던 인호 스님이 돌아왔다. 인호 스님은 어느 날 화주를 다녀오던 길에 황소가 나무에 묶여 끈이 엉켜서 목이 조이는 고통을 받고 있는 장면을 목격하고 그것을 풀어주었던 적이 있었다. 황소를 보는 순간 스님은 그 황소가 목이 졸려 있을 때 풀어준 은혜를 갚고자 갑사에 찾아 온 것이라는 사실을 깨달았다.

그때 갑사는 건물들을 새로 짓기 위해 엄청난 양의 돌과 흙더미를 옮기고 아름드리 나무들도 운반해야 하는데 일손이 턱없이 부족했다. 마침 황소는 그 같은 일을 감당할 만한 힘을 가지고 있었다.

　황소에다 달구지를 달아서 끌게 하였다. 운반해야 할 무거운 짐들을 수월하게 옮겨 주는 황소 덕분에 공사 진척이 더욱 빨라졌다. 그렇게 쫓아내도 주인에게 돌아가지 않고 절에 남아서 온 힘을 다해 불사에 동참하던 황소는 마지막 힘을 다 소진했는지 공사가 거의 끝나갈 무렵 며칠 밥을 먹지 않고 앓다가 죽었다고 한다.

　이 두 가지 설화를 보면서 공통적으로 생각되는 것이 있다. 생명의 가치나 그 존중의 의미가 인간이나 동물이나 평등하다는 사실이다. 뿐만 아니라 동물이라고 해서 하등 차별 받을 이유가 없다는 부처님 말씀을 다시 한 번 새롭게 새기게 되었다. 은혜를 아는 황소의 고집이나 부처님의 진리 말씀을 멀고 먼 중국 땅으로 전파하기 위해 죽음을 불사하고 노역한 백마의 불심은 부처님을 섬기고 믿는 사람이라도 감히 흉내 낼 수 없을 만큼 지극하다.

　말 못하는 축생의 불심도 이렇게 넓고 깊은데 요즈음 불자들은 자기 일신의 안녕만을 비는 기도에 열중하고 있는 것은 아닌지……. 지극히 양심 있는 행동이 따르지 않는 종교의 믿음이란 공염불에 지나지 않음을 명심해야 한다.

천의 손, 천의 눈 관세음보살

나는 관세음보살과 인연이 깊다.

집안의 반대를 무릎쓰고 처음 스님이 되고자 출가할 때도 관세음보살의 보살핌이 있었고, 출가하기 이전에도 가피를 입은 사람이다. 언제나 관세음보살의 자비 안에 살면서 생전에 육신의 눈으로 친견하고자 기도했음을 고백하지 않을 수 없다. 어쩌면 우리 불자들이 가장 가까이 칭명하는 분도 관세음보살일 것이다. 관세음보살에 관한 다음의 이야기가 전해진다.

아득한 옛날 가섭불 시대에 홍림국이라는 나라에 파가 왕이 살고 있었다. 그는 국가의 번영을 꾀하고 모든 백성이 평화롭게 살 수 있도록 선정을 베풀어 먹을 것이 풍족하고 이웃 나라와 다툼이 없는 안정된 나라를 만들어갔다. 그러나 파가 왕에게는 큰 걱정이 하나 있었다. 그것은 다름 아닌 후계자가 될 아들을 두지 못하고 딸만 둘인 것이었다. 그래서 아내인 보덕 왕비에게 늘 불만이었다.

그러던 어느 날 보덕 왕비가 태몽을 꾸었는데, 꿈에서 하늘나라 도솔천궁에 가게 되었다. 때마침 부처님께서 무진의 보살과 수많은 대중들을 위해 설법하시는 모습을 친견하는 행운을 얻었다. 부처님의 설법이 끝나고 궁 안에 모여 있던 사람들 모두 어디론가 돌아가고 난 뒤에 웬 궁녀 하나가 나와서 보덕 왕비에게 "부인께서 돌아가실 때 이곳에 오신 선물로 하늘나라 궁녀를 한 명 시종으로 보내드리겠다."고 말하였다. 그리하여 보덕 왕비는 아름답고 기품 있는 하늘나라 선녀 한 명을 시종으로 선물 받아 돌아온 것이다.

이 같이 신기한 꿈을 꾸고 나서 태어난 아기가 파가 왕이 그렇게도 기대하던 후계를 이을 남자 아이였으면 좋았을 텐데 그게 아니었다. 그래서 파가 왕은 더욱 근심이 깊어졌다. 파가 왕은 이제 슬하에 딸만 셋을 두게 된 것이었다.

얼마 동안 그렇게 세월은 흘러 세 딸은 어여쁘게 자라 주었다. 이제 딸들을 시집 보낼 때가 되었다. 세 딸의 사위 중에서 인격적으로나 학문적으로 훌륭하고 자신의 마음에 맞는 적당한 인물을 골라 후계자로 정해 나라를 물려주기로 결심을 했다. 그래서 세 딸을 불러다가 "너희들은 이제 시집을 가야 할 것이다. 어떤 신랑감이 었으면 좋겠는가. 차례로 말해보라." 하고 물었다.

큰 딸인 묘서 공주는 "학문이 높고 용모가 준수한 사람이었으면 좋겠다."고 말했고, 둘째딸 묘음 공주는 "누가 뭐라고 해도 남자답고 병졸들을 한 눈에 호령할 수 있는 대장군 기질을 가진 사람이면 좋겠다."고 했다. 그러나 마지막 묘선 공주는 "백작산으로 출가하여 비구니 스님이 되고 싶다."고 했다. 파가 왕은 출가만은 허락할 수 없다고 단호하게 말했다.

그러나 끝내 고집을 꺾지 않고 출가하여 훗날 석가모니 부처님 입멸 후 다가올 미래에 이 땅에 나투시는 미륵 부처님께서 오실 때까지 사바세계 중생들을 구원하는 소임을 맡은 대자대비 관세음보살이 된 것이다. 이 묘선 비구니 스님이 바로 관세음보살의 전생 설화이다.

관세음보살의 다른 이름은 인도의 고대 언어인 산스크리스트어로 '아바로키테슈바라' 또는 '압루긍' 이라고 음사되기도 한다. 관세음보살은 여러 가지 이름을 갖고 있다. '관세음觀世音' 은 세상의 고통스러운 사람들의 소리를 듣는 것이 아니라 그 마음으로 본다는 뜻이다. 그리고 소원을 기도하는 사람들에게 일일이 다가가서 원을 들어준다는 의미를 가지고 있다. 또 다른 말인 '광세음光世音' 은 이 세상 어느 곳이나 당신의 자비 광명이 비치지 않는 곳이 없다는 뜻을 담고 있다. 또 '관자재觀自在' 라고 하여 언제나 몇 번을 다시 불러도 자유롭게 당신의 모습을 나투시고 응답해 주는 보살이라는 뜻이다. '원통대사圓通大士' 는 고통 받는 자의 기도를 원만하게 해결을 해주는 분으로서 지극한 마음으로 기도하면 통한다는 뜻을 갖고 있다. 또 '시무외자施無畏者'는 두려움에 떨고 있는 여린 중생들에게 두려움 없는 마음을 베푸는 보살이라는 뜻이다.

관세음보살의 대표적이고 상징적인 모습을 보면, 고통 받는 중생들의 마음의 병을 치료해 주고자 한 손에 항상 감로병을 들고 서 있다. 그리고 머리에 쓰고 있는 보관寶冠의 이마에는 아미타불을 모시고 있으며, 협시보살인 대세지보살과 함께 아미타불의 양쪽에 나란히 서 있다.

또한 일곱 가지 모습으로 나타내시는 '성관음聖觀音'은 연꽃을 들고 있으며, '십일면관음十一面觀音'은 머리가 11개라는 뜻이다. 또 '천수관음千手觀音'은 천 개의 손과 천 개의 눈을 나타내고 있다. 준제보살은 팔을 18개 가지고 있으며, 마두관음은 사나운 표정의 말머리를 하고 있다. 끝으로 여의륜관음은 여섯 개의 팔과 손에는 여의주를 가지고 있다.

관음신앙은 3~4세기경 주로 인도의 북부 지방에서 흥성하였다. 그리고 얼마 후 6세기경 중국에 전해진 뒤에 7세기 즈음 신라와 백제에 와서는 민중들이 쉽게 다가설 수 있도록 접근성이 용이한 단순 명호 염불의 수행 방편으로 발전했다. 그리하여 불교도들의 간절한 소망을 성취하려는 신앙으로 자리 잡았다. 이른바 아름답고 행복한 세계, 즉 극락정토를 꿈꾸는 정토신앙淨土信仰과 구세신앙救世信仰의 한 형태로 성행하기 시작한 것이다. 구세신앙 근거는 『법화경』 33응현應現설이나 또는 『능엄경』 32응신應身설에서 찾아볼 수 있듯이 다양한 현신現身이 관세음보살의 특징이다.

『법화경』 보문품에 보면, 관세음보살의 모습을 마음속에 그리면서 명호를 지극히 부르면 칠난삼독七難三毒을 바로 제거해 준다고 했다. 그 일곱 가지 어려움이란, 첫째는 불과 관련되어 일어난 고통, 둘째는 물난리에 의한 고통, 셋째는 태풍이나 바람과 연관된 고통, 넷째는 칼과 창 등 쇠붙이에 의한 고통, 다섯째는 귀신이나 신병을 앓는 괴로움, 여섯째는 감옥이나 인질이 되어 갇히는 고통, 일곱째는 각종 도난 사건이나 사기 사건에 말려드는 고통들을 받지 않게 해준다고 하였다.

또한 11면 관세음보살의 모습은, 전면의 3상은 자비로운 모습이며, 왼쪽 면의 3상은 화가 난 얼굴로 보여지며, 오른쪽 면의 3상은 백아상이다. 그리고 뒤쪽 면에 1개의 모습은 크게 웃는 얼굴이며, 머리 위에 또 하나의 머리는 모든 중생을 다 고통에서 건진 뒤에 성불하실 모습을 의미하는 부처님 상호가 모셔져 있다.

그런데 유감스럽게도 세인의 관심을 끄는 것은 관세음보살상이 남자상이냐 여자상이냐 하는 것이다. 남자면 어떻고 여자면 또 무슨 상관이란 말인가. 유치하고 어리석기 그지없는 질문이다. 그러나 굳이 따진다면 양성兩性의 성품을 고루 갖추신 분이라고 이해하

언제나 마음 안에 자비로운 사랑을 키워라. 그러면 머지 않아 행복이 그대를 방문하게 될 것이다.

면 좋을 것이다.

오늘날 관음신앙을 주제로 기도하는 사람들이 눈에 많이 띄지만 정작 제대로 된 기도 방법을 모르고 있다. '나무 대자대비 구고구난 관세음보살' 이라고 접두사를 붙여서 명호를 염송하며 정근하지만 기도하는 그 순간뿐이다. 돌아서면 다시 일상으로 돌아와서 관세음보살 정신을 까마득히 잊어버리고 만다. 그것은 마치 애써 가꾸어 놓은 꽃밭을 모두 뭉개버리고 매번 또다시 꽃을 심는 바보 같은 짓을 하는 것과 같다.

그렇게 해서는 백천만 번을 기도하여도 관세음보살의 가피加被를 얻기가 어렵다. 적어도 자기 자신이 관세음보살화가 되어야 한다. 관세음보살이 중생을 불쌍히 여기는 자비로운 모습과 비슷하게 행동하고 말하는 연습부터 해야 한다. 어려운 이웃을 불쌍히 여기는 마음과, 가난한 이웃을 돕고 싶은 마음과, 아무리 잘못을 저지른 친구가 있어도 그를 험담하지 않는 마음과, 이웃을 사랑하는 마음이 내 가족과 꼭 같다고 생각하는 차별 없는 마음이 쉼없이 일어나야 한다. 그러한 마음이 기도하는 사람의 정신 상태에 녹아들어 있어야 한다. 그렇지 않다면 그 기도는 헛일이다. 전기에너지만 공급하면 몇 날 몇 밤이고 열심히 정근하는 녹음 기계의 반복되는 염불 소리와 무엇이 다르랴.

관세음보살을 칭명하는 만큼 관세음보살 정신을 실천하겠다는 서원을 세워야 하고, 실제로 그러한 보살행을 행할 때 비로소 관세음보살 기도를 제대로 했다고 할 수 있을 것이다.

관세음을 노래한 시 한 편을 읊어 본다.

천의 손
천의 눈
관세음보살

퍼내어도
퍼내어도
가득 차기만 하는
당신은 바다입니다.
영원히 죽지 않는 바다입니다.

가만히 귀 기울이면
밀려왔다 밀려가는 파도소리처럼
당신의 음성이 들립니다.
살아계신 음성이 오고 있습니다.

언제 어디서나
당신이 부르는 노래 따라
춤추고 싶습니다.

2부 눈과 귀에 속지 말라

아궁이에 불을 지피며

첩첩한 산들이 하얗게 겨울옷을 두껍게 입고 서 있다. 저 아래 산허리를 감고 도는 매서운 눈바람 소리는 밤새 소복하게 내린 눈의 무게를 견디지 못해 힘겨워 하는 나무들을 흔들어 깨운다. 눈이 내리고 나면 산 속으로 들어오는 길들은 흔적도 없이 눈에 묻혀 버린다. 세상이 온통 눈에 덮히면 외부와 단절된 채 한동안 감옥 아닌 감옥이 되어 억지로라도 갇혀 살아야 한다.

   나는 때때로 이런 생활을 즐기기도 한다. 눈 막힘을 핑계 삼아 번거로운 저잣거리 일들을 안 듣고 안 봐도 되니 말이다. 비겁한 도피라고도 말할 수 있겠지만 누구나 이곳 생활이 몸에 맞는 건 아니다. 답답하고 우울함을 견디지 못하는 도회지 사람들은 일주일을 견디지 못하고 하산하고 만다. 필요 이상으로 요란스러운 겨울바람은 추위에 약한 나의 소맷자락을 붙잡는다.

이런 때는 정말 견디기 힘이 든다. 해거름에 아궁이 군불 지피는 일은 더욱 그렇다. 아궁이에 장작 몇 개피를 걸쳐 놓고 잔솔가지와 불쏘시개로 헌 신문지 몇 장을 찢어서 불을 붙이면 심술궂은 바람이 휙 지나가면서 훼방을 놓는다.

성냥불을 몇 번 붙여도 눈바람 때문에 금새 피시식 꺼져 버린다. 물에 젖은 나무들은 괜한 연기만 풀풀 날린다. 최루탄을 맞은 투쟁 용사처럼 눈물 콧물이 흐른다. 어른답지 못한 내 모양을 누가 보았다면 동정심이 저절로 우러났을 것이다.

이렇게 고역스러운 절집 난방 시설은 내 눈물을 강요하고 만다. 한나절 내내 가까운 산에 올라가서 가시덤불에 찔리고 넘어지기를 수십 번 하다 고사목 몇 토막 잘라서 도끼로 쪼개 놓으면 이틀이 멀다하고 바닥 나 버린다.

사실 언제부터인가 손가락 하나만 까딱 하면 저절로 윗목, 아랫목 가리지 않고 따뜻해지는 개량된 난방 시설의 유혹을 받지 않은 것은 아니다. 하지만 조금은 힘들더라도 나는 아궁이에 불 때는 이 방법을 고집한다.

세상은 갈수록 쉽고 빠르며 시간과 경비가 절약되는 기능성, 효율성, 경제성을 추구한다. 그것만이 최선의 선택인 것처럼 변해 가고 있다. 하지만 그것만이 다 좋은 것은 아니다. 땀 흘리고 힘든 만

큼 자연을 거스르지 않고 살아가는 보람도 적지 않다. 사람들은 조금만 불편해도 참아 주지도 않고 참으려는 노력도 하지 않는다. 무엇이든 조금 하다가 자기가 하던 일이 싫증나고 싫으면 쉽게 그만두어 버린다. 그것은 참으로 무책임한 일이다. 편리함만을 추구하는 현대 생활에서 아궁이에 불을 지피는 일은 조금 귀찮아도 그 나름대로의 의미가 있다.

고개를 돌려 우리 사회의 부정적인 단면들을 살펴보자. 한 치의 양보도 없이 고집스럽게 서로를 마주보고 달려오는 기차처럼 위태롭게만 느껴지는 오늘 우리들의 모습에서 타협이란 단어는 없는 것일까. 일자리가 없어 고학력 실업자가 자살로 목숨을 끊기도 하고, 한편에서는 빈부의 격차를 극복하지 못한 사람들이 생활을 비관해서 불행한 사태를 만들고 있는데 대립과 갈등으로 지역 간 계층 간 반목의 골은 너무 깊다.

가진 자들은 몇 백만 원씩 하는 외제 브랜드 제품들을 척척 걸치고 나와 명품족 대열에 끼지 못하면 사람 취급도 안 해 준다. 비이성적이고 비합리적인 소비 형태를 보노라면 참 못나고 몰지각한 사람들이라는 생각을 지울 수 없다. 거기에 비하면 못 가진 사람들의 상대적 빈곤감과 박탈감은 분노로 바뀌어 그것이 쌓이고 쌓여 미워하고 원망하는 정도가 한계를 넘는 행동도 자행하고 있다.

말을 절제하지 못하면 불행을 부르는 단초가 되기도 한다. 세 치 혀를 조심해야 한다.

노사 간의 갈등도 회사 내에서 노조와 사용자 측의 대화와 타협으로는 안 되는 것일까. 그들의 간절한 호소가 왜 전달되지 않고 굳이 거리로 몰려나와 결사항전이라는 붉은 띠를 두르고 목소리를 높이면서 말 그대로 죽기 아니면 살기 식의 극단적인 선택들을 해야만 하는 것일까. 안타깝고 우려스럽기만 하다. 자꾸만 우울한 소식들이 산간벽촌까지 날아드니 뉴스 없는 세상에 사는 것이 어쩌면 편할지도 모르겠다. 안 보고 안 듣는 것만 못하니 말이다.
　이제 조금만 참으면 아랫목이 따뜻해질 것이다. 우리나라 온돌은 한 번 따뜻해지면 오래가고 냄비처럼 쉽게 식지 않는 아주 훌륭한 장점을 가진 세계 유일의 난방 시스템이다. 문풍지 소리가 아무리 요란해도 방안에 온기가 돌기 시작하면 코끝에 대롱거리는 콧물도 금새 마른다. 아궁이에 불을 지피며 해결하지도 못할 세상사 일들이 불쑥 솟구치는 걸 보면 아직도 중생심에서 벗어나지 못한 탓이리라.

만두 속

요즈음 웰빙시대라는 신조어가 널리 유행하고 있다. 이것은 사람들이 건강에 관심을 가지면서 생겨난 말일 것이다. 그래서 그런지 먹거리뿐만 아니라 건강에 좋다면 무엇이건 가리지 않고 경험해보려는 사람들이 많아진 것도 사실이다. 다들 하나같이 절집에서 만드는 음식들을 좋아하고 절집에서 먹는 음식들이 맛이 있다고 한다. 그래서 그런지 사찰 음식을 만드는 방법을 소개하는 스님들도 있고, 아예 사찰 음식을 만들어 파는 곳도 몇 군데 생겼다고 들었다.

하지만 우리 스님들은 늘 대하는 절집 음식이 무에 그렇게 맛있을까 의문이 간다. 매일 먹는 절집 메뉴라고 해야 고작 김치 아니면 된장, 청국장 거기에 두부를 좀 넣은 반찬이 있다. 밑반찬으로 된장에 박아두었던 고추, 깻잎, 장아찌, 산나물 무침 따위가 전부다.

본래는 1식 3찬이라고 해서 스님들은 밥 한 그릇, 국 한 그릇, 거기에다 반찬 두 가지 말고는 더 푸짐한 반찬을 기대하기란 어렵다. 어른 스님들의 불호령이 무서워 엄두를 낼 수가 없다. 음식을 대하는 자세가 수행자답지 못한 것도 허물이 되기 때문이다.

식탐을 내서 맛있고 부드럽고 달콤하고 좋은 음식을 먹으려면 마을로 돌아가라는 큰스님들의 말씀이 늘 따라다니기 때문이기도 하지만, 이제는 습관처럼 입에 배인 맛이라 좋건 싫건 때 되면 그냥 먹는 음식이다. 그런데 사람들은 스님들이 먹는 이 맛없는 음식이 좋다고들 한다.

너무 기름기가 많은 지지고 볶는 고기맛이 식상한 탓일까. 갖은 양념을 다한 음식들에 길들여진 입맛일 터인데 별 양념도 없는 절집 음식이 맛있다고 한다. 시장이 반찬이라는 말처럼 산에 올라오면 운동량도 많아지고 배도 출출할 테니 그때는 반찬 없이도 꿀맛이 아닐 수가 없을 것이다.

꿀맛 하니까 생각나는 음식이 있다. 우리 스님들에게 별미 중 별미인 절집 만두 이야기를 한번 해야겠다. 절집 만두는 밤새 밀가루 반죽을 잘해서 삼베 보자기로 잘 덮어 두었다가 다음날 반죽을 조금씩 떼어 판에다 대고 방망이로 곱게 밀어서 둥글고 넓적하게 편 만두피에다 각종 만두 속을 장만하여 넣어 만든다. 어쩌다 한 번 만들어 먹는 만두는 입 안에 군침이 돌 만큼 맛이 일품이다.

하지만 일반 세속의 만두집이나 교자집에서 먹는 만두 속을 상상했다가는 큰 낭패를 당한다. 시중에 판매되는 만두는 크기도 각양각색이고 속에 들어가는 내용물부터가 절집 만두와는 비교가 안 된다. 갖은 재료와 고기를 다진 양념들이 다양하게 모양 따라 맛 따라 다르게 만들어지는 것으로 알고 있다.

절집 만두는 모양도 크기도 제각각이어서 어떤 것은 주먹만한 것도 있고 또 어떤 것은 옆구리가 터진 것도 있다. 말이 만두지 어설프기 그지없는, 만두 흉내만 낸 짝퉁 만두가 절집 만두다. 만두 속을 들여다보면 별 것도 없다. 겨우 묵은 김치 다진 것 조금 하고 두부 으깬 것과 당면 조금 넣어 우격다짐으로 만들어진다.

이름하여 촌놈 만두가 절집 만두의 실체다. 만두는 외피도 중요하지만 제대로 된 재료로 만두 속을 써야 제 맛이 난다. 그런데 이런 엉터리 만두도 그나마 별미 중 별미라고 하니 스님들의 식생활이 얼마나 빈곤하고 빈약한가를 알 수 있다.

어떤 장난기 많은 스님은 어른 스님들도 만두를 좋아하는 것을 알고 일부러 골탕 먹이려고 만두 속에다가 고춧가루를 한 술 넣어서 다른 만두와 함께 쪄서 드리고는 모르는 체 시치미를 떼기도 한다. 매번 그런 장난이 한두 번이 아니기 때문에 큰스님들도 으레 만두 속에 지뢰가 있을 것이라고 짐작하고 있다. 그렇게 매운 고춧가루 만두를 먹고도 표정 하나 변하지 않으신다. 그러면 우리는 고춧가루 만두가 어디로 누구에게 갔는지 알 수 없게 된다. 좀 맵다고 호통을 치셔야 재미있는 건데 금년의 고춧가루 만두 사건은 싱겁게 끝이 났다.

만두와 비교해서 사람도 이와 다르지 않을 것이다. 겉모양이 아무리 잘 나고 아름답다고 해도 그가 가진 내면의 세계, 즉 마음자리가 곱지 못하고 누구와도 어울리지 못하는 고약한 심성을 가진 사람이거나, 늘 불안하고 누구도 믿지 못하고 마음에 평화를 잃은 사람이라면 재료가 제대로 갖추어지지 않은 빈약한 만두 속과 뭐가 다르겠는가.

흔히들 말하기를, 겉 다르고 속 다른 게 사람 마음이라고들 한다. 그뿐인가. 열 길 물속의 깊이는 잴 수 있어도 한 치 한 뼘도 안 되는 사람 마음은 알다가도 모른다는 말이 있다. 그만큼 변하기 쉽고 진정성이 잘 드러나지 않는 것이 사람의 마음이다.

이는 숙주나물의 고사에도 잘 나타난다. 조선 초기 정승 가운데 한 사람인 신숙주 대감의 마음이 잘 변한다고 해서 후세 사람들이 이를 빗대어, 쉽게 시어 버리는 음식의 대표격인 나물을 '신'자만 빼고 숙주나물이라 했다고 하지 않은가.

불교에서 부처님 가르침의 핵심이 무엇이냐고 물으면 '심즉시불心卽是佛'이라고 말한다. 이 말은 곧 '그대 마음이 곧 부처이지 딴 곳에 부처가 있는 것이 아니다'고 하는 가르침이다. 또한 원효스님은 해골물을 마시고 다음날 일갈하기를, '심생즉종종법생心

生卽從種法生 심멸즉종종법멸心滅卽從種法滅'이라 했다. 즉, '마음이 일어나면 모든 것이 따라 일어나고, 마음이 고요하면 그에 따라 모든 것이 고요해진다'고 하였다. 문제는 만두 속에 다 있다.

눈과 귀에 속지 말라

지금이야 멀리들 떨어져 있지만 한때 다정했던 한 사람 한 사람이 내게는 정말 고맙고 소중한 존재들이다. 그런데 이런저런 이유로 서로가 다른 곳에서 자기 일이 바쁘다는 핑계를 대며 그냥 잊어버리고 살아간다.

혼히 말하는 "눈에서 멀어지면 마음에서도 멀어진다."는 말이 결코 틀린 말이 아니다. 한때는 둘도 없던 사이였지만 십여 년 동안 연락이 끊겨서 무소식이 희소식이라고 여기면서 살아 왔는데, 어떻게 알았는지 내 오두막으로 도반의 안부 편지가 왔다.

편지를 받아 들고 그 도반의 투박한 얼굴을 떠올리니 감회가 새로웠다. 그 도반은 얼마나 부지런하던지 함께 공부하는 도반들이 모두 지쳐서 잠든 사이에 낮 동안 흙먼지로 더럽혀진 친구들의 흰 고무신을 깨끗하게 닦아 놓기도 했다. 아침이면 누가 그랬는지도 모르게 댓돌 위에 가지런히 놓아둔 것을 보고 내심 참 고마운 친구도 있구나 생각했었다. 수차례 그렇게 반복된 행동에 한 짓궂은 이가 범인(?)을 잡고 말겠다는 의지를 내보이더니 마침내 그 도반의 선행임을 밝혀냈다.

그 도반은 평소에도 별 말없이 자기 할 일만 열심히 하는 친구였다. 함께 공부하는 친구들의 관심권에도 들지 않았고, 심지어 저밖에 모르는 꽁생원이라고 놀림까지 받기도 했다. 그런 친구가 남을 배려하는 착한 심성이 있었다니 놀라운 일이 아닐 수 없었다.

우리는 사람을 겉만 보고 판단하는 경우가 많다. 그래서 무슨 일을 할 때 멋있게 해 낼 것 같다거나 또는 잘할 것 같다, 못할 것 같다 하면서 잘못 평가하는 오류를 범하는 수가 많다. 사람의 마음 속 깊이를 누구라서 가늠하고 잴 수 있겠는가. 오늘을 사는 우리는 종종 어떤 대상을 보고 눈에 속고 또 귀에 속으며 쉽게 넘어가 버리는 어리석음을 범하고 있다.

우선 눈에 속는 것을 보자. 텔레비전을 보면서 화면 속에 나오는 예쁘고 곱상한 여자 연기자의 신파조 연기에 동조하여 슬픈 표정 연기와 눈물을 흘리는 장면이 나오면 따라서 울어버린다. 자신의 현실과 전혀 관계가 없는 일인데도 다만 눈앞에 나타난 현상만 보고 몹시 슬픈 감정을 나타낸다. 그것이 나쁘다·좋다의 문제를 떠나 몰입하게 된다. 그러나 영화나 연속극이 끝나고 주위를 돌아보면 아무 일도 일어나지 않았음을 알 수 있다. 또 수없이 많은 인명이 끔찍하게 죽어 나가는 전쟁 영화가 끝난 뒤에도 정신을 차려서 주위를 돌아보면 아무도 죽은 사람은 없다.

　귀에 속는 것도 마찬가지다. 아름다운 음악이나 새소리, 혹은 청량하고 맑은 자연의 소리를 들으면 마음은 벌써 평화로워진다. 소리의 마술은 여기서 끝나지 않는다. 더구나 사람의 애간장을 녹이는 다정한 사람의 정감어린 속삭임은 귀를 간질이고 맥을 못추게 한다. 기분 좋은 칭찬에는 길들여지려 하고 따끔한 충고에는 짜증부터 내니 우리는 귀라는 놈에게 속아서 사기 당하고 있는 것이다.

　눈에 속고 귀에 속는 이치를 요즈음 세태로 설명하면 비디오나 오디오에 정신이 팔려서 가상과 현실이 구분되지 않는 사이버 시대에 살고 있는 것이다. 그러나 이럴 때일수록 정신을 똑바로 차리고 눈이나 귀에 속는 바보가 되지 말아야 한다.

　내가 누구를 만나든, 그가 누구이건, 지위가 높건 낮건, 잘났건 못났건 간에 그를 만나는 순간만큼은 정말 소중한 사람으로 대하고 성실한 만남과 충분한 대화를 가져야 한다. 괜한 선입견을 가지고 눈꼬리가 찢어진 인상이라 범죄형이라는 둥, 눈웃음이 간들어지니 기생 팔자라는 둥 쓸데없이 눈에 속아 예단을 하는 우를 범하

　실패는 교만함에 있다. 마음의 거울을 보라. 교만함은 벌써 그대를 눈물짓게 할 것이다.

지 말아야 한다. 현상적·가시적 판단으로 인하여 자칫 다시는 얻을 수 없는 좋은 친구나 동료, 이웃을 잃는 슬픈 경험을 하지 않기를 바라는 것이다.

이렇듯 우리의 그릇된 선입견은 자칫 돌이킬 수 없는 큰 실수를 범할 우려가 있다. 사물의 외향에 끄달리지 않고 있는 그대로의 진실을 보는 눈과 귀를 가져야 비로소 지혜로운 사람이 된다.

참사랑을 시작할 때

세상에서 가장 아름다운 사랑을 꼽는다면 당신은 어떤 것을 선택할 것인가. 오래 전 오드리 햅번이 주연했던 '로마의 휴일'의 사랑 이야기를 기억할 수도 있을 것이고, 고전에 나오는 '로미오와 줄리엣'의 절절한 사랑도 떠올릴 수도 있을 것이다.

흔히들 자신이 경험해 보지 못했던 남녀의 사랑 이야기에서 대리 만족을 하고, 그들의 순수하고 순백한 사랑을 동경하고 꿈꿀 것이다. 하지만 나는 그 같은 사랑을 부러워하거나 가슴 아픈 감동으로 느끼지 못한다. 그런 사랑들은 어쩌면 남녀 간의 사랑놀음에 불과할 수도 있기 때문이다.

대체로 그런 사랑은 너무나 통속적이다. 대부분 너 없이는 이 세상을 하루도 못살 것 같다고 소리소리 지르는 삼류 유행가처럼 감각적이고 자극적인 것이다. 아마 시간이 지나면 처음의 그토록 간절해서 목숨까지 내놓을 것 같은 절대 절명의 가치라고 여겼던 사랑이 원망과 미움과 증오로까지 변할 수도 있다. 그래서 결혼과 동시에 이혼으로 이어지는 웃지 못할 일이 벌어지기도 한다.

요즈음은 사랑의 종류도 요상하다. 사랑하기 때문에 너를 소유하지 않고 놓아 주겠다는 이른바 잡은 고기를 놓아 주듯 놓아준다는 '방생형' 사랑도 있고, 얼마면 살 수 있겠느냐고 다그치는 '상거래형' 사랑도 있단다. 별별 사랑이 난무하는 사랑 천국에 살면서도 제대로 된 사랑은 모두 쓸려가 버린 듯하다.

어떤 종교의 가르침에는 "네 이웃을 내 몸과 같이 사랑하라."고 말씀하셨는데, 과연 그들이 제 몸을 아끼듯이 이웃을 사랑하고 있는 것일까. 같은 믿음을 가진 사람들까지도 서로가 이단이다, 삼단이다 매도하면서 싸우는 모습도 사랑의 일종인지 궁금하다. 글쎄, 사랑이라는 것을 정말 무엇이라고 정의해야만 가장 적확한, 그리고 온전한 표현이 될까 고민스럽다.

참사랑이라고 정의할 수 있는 사랑이란 사람과 사람을 중심으로 한 사랑이 아니다. 적어도 범 우주적 차원에서 풀 한 포기, 나무 한 그루 등 아주 작은 생물에 이르기까지 사랑하지 않을 수 없는 필연적 사랑, 오롯한 사랑만이 참사랑이라 할 수 있을 것이다.

그것은 부처님께서 말씀하신 연기론의 하나라고 볼 수 있다. 즉

"이것이 있으니 저것이 있고, 저것이 있으니 이것이 있다."는 연기론의 말씀처럼 내가 누구를 사랑하지 않는다면 누구도 나를 사랑해 주지 않는다는 사실을 깨달아야 한다.

예를 들면 숲에 자라고 있는 작은 잡풀 한 포기는 아무런 의미도 없이 자라고 있는 것 같지만, 그 잡풀들이 모이고 우거져서 각종 곰팡이 균과 미생물과 곤충들이 함께 살아 갈 수 있는 환경을 조성해 주는 것이다.

이것은 참으로 놀라운 사실이다. 잡풀 하나의 역할이 전체 숲의 생명을, 아니 인간의 생명까지도 영향을 주는 중요하고도 소중한 저것이며, 또한 이것인 것이다. 어찌 모두를 사랑하지 않고, 또 너를 사랑하지 않고 나만을 사랑한다 할 수 있을 것인가. 홀로 존재한다는 것이란 있을 수 없는 일이다.

이제부터라도 그가 누구이건 어떤 형태의 생명이건 모두 사랑해야 한다. 아름답거나 못생겼거나, 더럽거나 깨끗하거나, 징그럽거나 사랑스럽거나를 선별하지 말고 나를 위해 준비하고 존재하는 고마운 생명들이라 생각하며 새로운 눈으로 새로운 마음으로 참사랑을 시작해야 한다.

진정한 미인

올해도 예년처럼 이 땅에서 가장 아름답고 교양미와 건강미 넘치는 여성을 뽑는 대회가 열렸다. 도대체 인간의 아름다움이란 무엇일까? 눈, 코, 입이 남들보다 잘 생겼다면 미인일까. 하지만 그것을 어떤 기준으로 찾느냐 하는 것 또한 문제이다.

　미인의 척도는 나라마다 다르다. 아프리카 같은 곳에서는 입술을 찢어야 미인이라 하고, 태국 어디에선가는 목이 기린처럼 길어야 미인 축에 든다고 억지로 목에다 철사 같은 장신구를 칭칭 감아서 또아리를 틀어 올리기도 한다. 우리로서는 이해가 안 되는 부분이다.

　또한 주먹이 들어갈 만큼 귀를 넓게 뚫어야 미인이 되는 나라도 있다. 북한에서는 얼굴이 발그레하고 약간 살이 쿨은 둥글고 복스럽게 생긴 여자를 미인이라고 여긴다. 우리나라는 깡마르고 키가 크고 미국 여자들처럼 눈과 코가 큰 여자를 우선 잘 생긴 얼굴이라고 생각한다.

도대체 왜 미인 대회가 필요한가. 잘 생긴 여자를 선발해서 어쩌자는 속셈인지 모르겠다. 잘은 모르지만 이것은 저급한 삼류 자본주의의 발상이다. 단순한 이벤트성 상술 그 이상도 이하도 아니다. 미인대회는 여성을 상품화하기 위한 수단일 뿐이다. 물론 남녀를 막론하고 남들보다 용모가 뛰어난 사람을 싫어할 사람은 없다.

그러나 얼굴이 제 아무리 곱고 예쁘다고 하더라도 마음씀이 비뚤어졌다면 진정한 미인이 될 수 없다. 흔히 말하는 관상보다 심상이 고와야 한다는 말처럼, 마음 쓰는 자세가 얼굴의 기대에 못 미치는 경우가 있으니 그게 문제다. 성질이 괴팍하거나 괜한 공주병에 걸려서 허영에 들뜬 사람은 아무리 미인대회 우승자라도 예쁘게 보여지지 않는다.

부처님 경전 가운데 미인에 관한 이야기가 있다.

어느 부잣집 아들들이 제 애인을 데리고 야외로 놀러 나왔다가 한 아들의 애인이 일행 모두가 잠든 틈을 타서 그들이 지니고 있던 금은 장식 패물들을 모두 들고 달아나 버린 것이다. 화가 난 이들은 잠에서 깨어나 도망간 이 여인을 잡으러 온 산을 찾아 나섰다. 그러다가 숲 속에서 고요히 명상하고 있는 수행자를 만났다. 일행 중 한

사람이 물었다.

"여보시오, 이곳에 오래 계셨소? 그렇다면 이렇게 저렇게 생긴 아주 예쁜 처녀 하나가 지나가는 것을 보지 못하졌소?"

그러자 그 수행자는 조용히 말했다.

"방금 내 앞에 뼈를 싼 살주머니 하나가 지나간 것 같소."

이 이야기는 조금 지나치다 싶은 비유이기는 하지만, 아무리 용모가 잘 생기고 예쁜 사람도 수행자의 눈에는 겨우 다리뼈나 갈비뼈 등 골격을 가린 피부, 즉 살주머니에 불과할 뿐이라는 것이다.

얼마 전 중국 여행지에서 내가 직접 목격한 일로, 참으로 안타까운 사연을 가진 미인을 본 적이 있다. 얼굴 반쪽이 불에 타 짓뭉개져 한 쪽은 완전히 눈과 코가 제자리에 없는 끔찍한 얼굴을 하고 있었다. 그 미인은 자기가 젊은 시절 영화배우로 활동한 적이 있는 예쁘게 찍은 사진을 들고 다니며 구걸 행각을 하였다. 사진에 있는 그녀는 정말 예쁜 얼굴이었다. 얼굴이 그렇게 된 사연도 너무 예쁜 얼굴을 가진 자신을 질투한 동료가 자기 집에 불을 질러서 불행한 사건의 주인공이 되었다고 한다.

오늘을 사는 우리는 남녀를 막론하고 얼굴 꾸미기에 너무 많은 시간과 돈을 소비하고 있다. 멀쩡한 코를 수술한다거나 잘 보이는 눈을 크게 한다거나 하는 성형수술이 젊은이들 사이에 무작정 유

젊음은 아름답다. 그러나 인생은 화살과 같다. 시간을 헛되이 보내는 바보가 되지 마라.

행병처럼 번지는 것은 큰 사회 문제이다. 이처럼 얼굴 꾸미기 지상주의는 위험하다는 생각마저 든다. 그렇다고 유교 시대의 예법처럼 부모가 주신 몸이니 털끝 하나라도 건드리면 안 된다는 것은 아니다. 잘 생긴 용모도 중요하지만 무엇보다 중요한 것은 곱고 착한 마음씨를 가지고 좋은 일을 몸소 실천하는 것이 아닐까.

곱고 착한 마음씨가 눈에 보이는 것처럼 몇 센티미터의 기준이 있는 것은 아니지만 나보다 남을 먼저 배려하고 생각하는 사람이 되어야 하고 고집스러운 자기중심적 사고에서 벗어나야 한다. 그러기 위해서는 얼굴 고치기보다 더 어려운 마음 고치기에 시간과 노력을 투자해야 할 것이다.

그러려면 먼저 말씨부터 바꾸어야 한다. 윗사람은 아랫사람에게, 자식은 부모에게, 어떤 관계에서든 막말이나 상대가 마음 아파하는 말을 하지 말아야 한다. 그리고 때로는 욕을 먹더라도 상대가 잘못된 길을 가고 있다면 부드러운 충고와 참견도 마다하지 않아야 한다.

말씨 다음으로 마음이 아름다운 사람이 가질 두 번째 덕목은 몸가짐이다. 행동을 함부로 하는 무질서 의식은 반드시 고쳐야 한다. 물론 일부이기는 하지만 아무 곳에서나 담배를 꼬나물고 그것을 길거리에 아무렇지도 않게 버리는 사소한 일에서부터 자기만 생각하는 이기적 행동은 어떤 식으로든 바뀌어져야 하고 고쳐져야 한다.

수영복이나 차려 입고 얼굴에는 몇 겹의 화장으로 도배한 얼굴로 무대에서 뽐내는 것이 진정한 미인일까? 미인이면 다 미인이겠는가. 곱고 착한 마음씨를 가지고 말씨, 솜씨, 맵씨까지 모두 갖춘 사람이 진정한 미인인 것이다.

불량심이 남긴 것

아침에 일어나 절 마당을 쓸다보면 여기저기에 사람들이 왔다간 흔적들이 쓰레기로 남아 있다. 요즈음은 주 5일 근무를 하는 곳이 많아서인지 가족들과 함께 산을 찾는 사람들이 예전 보다는 많아졌다. 하지만 그들의 행태를 보면 왜 산 좋고 물 맑은 곳을 찾는지 그 이유를 모르겠다. 이들은 맑고 깨끗한 자연의 품에 안겨 한 주간의 피로를 풀고 휴식을 취하기 위해 산사를 찾는 것만은 아닌 것 같다.

다 먹지도 못할 음식들을 잔뜩 싸 가지고 와서 굽고 끓이며 난리법석을 떨다가 마지막 산을 내려갈 때쯤에는 바위틈이나 개울가 한 쪽 구석에 쓰레기들을 마구 쑤셔 넣고 간다. 그래도 양심들은 있는지 남들이 안 보이는 곳에다 감추어 놓는다. 참 한심한 사람들이다. 산 좋고 공기 맑은 사찰에 와서 제멋대로 놀다가 제멋대로 양심들을 흘리고 가는 것이다.

일부이긴 하지만 놀이 문화가 성숙하지 못한 사람들의 너무 가혹한 흔적들과 무책임한 행동들은 뒷날 산을 찾는 사람들의 기분을 마구 구겨 놓고 만다. 또 그들을 따라온 자녀들은 무엇을 보고 배울지 걱정이다. 아름다운 산과 들, 계곡들이 사람들의 무차별적 훼손으로 인해 치명적인 상처를 입고 있다. 자연에 대한 몰이해로 이제 자연은 더 이상 과거처럼 우리에게 휴식할 공간을 거저 제공해 주지 않는다.

한 가지만 예를 들어보자. 우리나라는 사람이 살기 좋은 쾌적한 환경을 가지고 있어서 옛부터 산 좋고 물 맑은 금수강산이라고 했다. 게다가 물이 부족한 이웃 나라에 물을 수출하는 자랑스러운 나라였으며, 맑고 깨끗한 물을 풍부하게 쓰고 마실 수 있는 축복 받은 민족이었다.

그런데 이제는 거꾸로 외국에서 물을 수입해 오는 나라로 바뀌었다. 그게 뭐 대수로운 일이냐고 반문하는 사람도 있겠지만 그렇게 간단한 문제가 아니다. 물이 부족한 나라는 대체로 사람의 심성부터 거칠어지기 시작한다.

사막 지대 사람들의 모습을 한번 돌아보자. 오일 달러로 인해 돈은 넘쳐날지 몰라도 날만 새면 전쟁으로 죽고 죽이는 처참한 광경들이 펼쳐진다. 폭탄 테러 등 다중의 생명을 앗아가는 잔인한 살상의 현장들을 보노라면 참으로 무서운 생각이 든다. 생명의 소중함이 무엇인지도 모르고 종교주의 국가들의 복수 혈전은 끔찍하기만 하다.

 환경이 황폐화되면 함께 살아온 생명들이 모두 떠나가고 말 것이다. 우리나라 철새들의 낙원이었던 철새 도래지 몇 곳도 쓸모없게 개발되어 이제는 철새들이 찾아주지 않는다고 한다. 이대로 간다면 머지않은 장래에 우리 주변에서도 흔하게 볼 수 있던 도롱뇽이나 개구리, 지렁이 같은 기초적 생명들조차 살아 갈 수 없는 환경으로 바뀌고 말 것이다.

 생명들이 살아가기 힘겨운 환경으로 자꾸 변해가다 보면 쓰레기더미 같은 지구에는 거지꼴을 한 인간 군상들만 남게 되지 않을까 걱정이다.

약수터에서

단풍이 곱게 물든 비슬산의 가을 아침은 안개마저도 수줍음을 타는 모양이다. 울창한 대나무 숲을 저희들끼리 장난치듯 날아다니는 새소리에 상쾌한 하루가 시작된다. 얼마 전 이곳 비슬산 아래에 터 잡은 용천사 주지 소임을 맞게 되어 짐을 풀었다.

 이곳은 『삼국유사』의 저자로 유명한 일연 스님께서 주석한 유서 깊은 천년 고찰이다. 화엄학계의 대가이며 화엄종주로 추앙 받으신 의상 대사께서 창건한 화엄 10대 사찰 중 하나다. 기록에 의하면 일천 명 이상의 스님들이 모여서 수행하고 살았던 대가람이었다고 한다. 하지만 과거의 넓고 웅장한 대가람의 규모는 지금은 온데간데없고 초라하기 그지없는 전형적인 시골 사찰의 모습이다.

이곳이 그 옛날 용천사 터였다는 명맥만 유지하고 있을 뿐이다.

사찰 중앙에는 아미타불을 모신 대웅전이 있고, 그 왼쪽에 16나한을 모신 나한전과 오른쪽에 지장보살을 모신 명부전이 전각의 전체 모습이다. 그러나 이곳에서 절대 빠뜨릴 수 없는 가장 중요한 곳이 한 군데 있다.

그곳은 다름 아닌 천년의 세월을 한결같이 맑은 물을 뿜어내듯 솟아오르는 용천湧泉이라는 샘터다. 용천 샘터를 풀이하면 '분출될 용湧, 샘터 천泉'인데 글자 그대로의 뜻은 쉼 없이 샘물이 분수처럼 솟아난다고 해서 용천이라고 지은 것이다. 게다가 천년 세월을 한결같이 그냥 흐르는 것이 아니라 힘차게 솟아오른다는 사실이다.

이 샘터는 이곳 마을 사람들을 천 년 동안 지켜낸 수호신 같은 샘이다. 그것을 반증이라도 하듯 마을 사람들은 불교인이 아니더라도 자발적으로 해마다 한 번씩 차례와 순번을 정하여 샘을 청소하러 온다. 구전에 의하면 우물 안에는 용龍이 살고 있다고 하기도 하고, 동해 바다와 연결된 숨구멍이 있다고도 한다. 그만큼 신성시하는 샘인 것이다.

흔히들 샘에서 나오는 물은 인위적으로 만들어져서 얼마간 시간이 지나 비가 오면 침출수가 되어 스며들어 물이 맑지 못하거나 여러 가지 균들에 오염되어 폐쇄되는 경우가 많다. 또한 도회지 주변에 있는 약수터라는 곳도 물량이 얼마 되지 않거나 사람이 음료로 마시기에는 적당하지 않고 오염도가 심각하여 오히려 수돗물만 못한 곳도 많다.

간혹 약수물을 뜨러 오는 사람들의 곱지 않은 양심들이 있어 안타깝다. 그것이 어떠한 성질의 물이건 주변 환경을 깨끗이 해야 그 물이 오래도록 건강하고 맑은 물이 된다는 것을 잘 모르지 않을 것이다. 그런데 우리나라 어느 약수터를 가도 사람들이 왔다간 흔적을 남기고 있다. 곳곳에 더럽고 악취나는 비위상적인 모습을 남기는 것이다.

물이 어떠한 존재인가. 물은 생명의 근원이다. 인간은 물론 지구의 모든 생물은 물로 인해 생명을 유지한다. 나무 하나 풀 한 포기, 벌레 한 마리까지도 물이 없으면 한 순간도 살 수 없다. 인류 문명의 4대 발상지를 보더라도 모두 물가에서 출발했음을 알 수 있다. 지금도 중동 사막지대뿐만 아니라 아프리카의 많은 사람들이 물 때문에 고통을 받고 있다. 물 한 방울 때문에 전쟁이 일어나기도 한다.

이처럼 물은 죽고 사는 문제에까지 직결되어 있다. 산 좋고 물 맑은 이 땅에 태어난 우리나라 사람들은 물의 소중함이 절실하지 않은 것 같다. 물이란 국가적 자원이며 재산이다. 아니 전 지구 가족에게 있어 더할 수 없이 소중한 자산인 것이다.

환경 오염이 심각해지면서 수돗물에 대한 불신이 커졌다. 그래서 그런지 수돗물을 끓여 먹으면 괜찮다고 하는데도 다투어 좋은

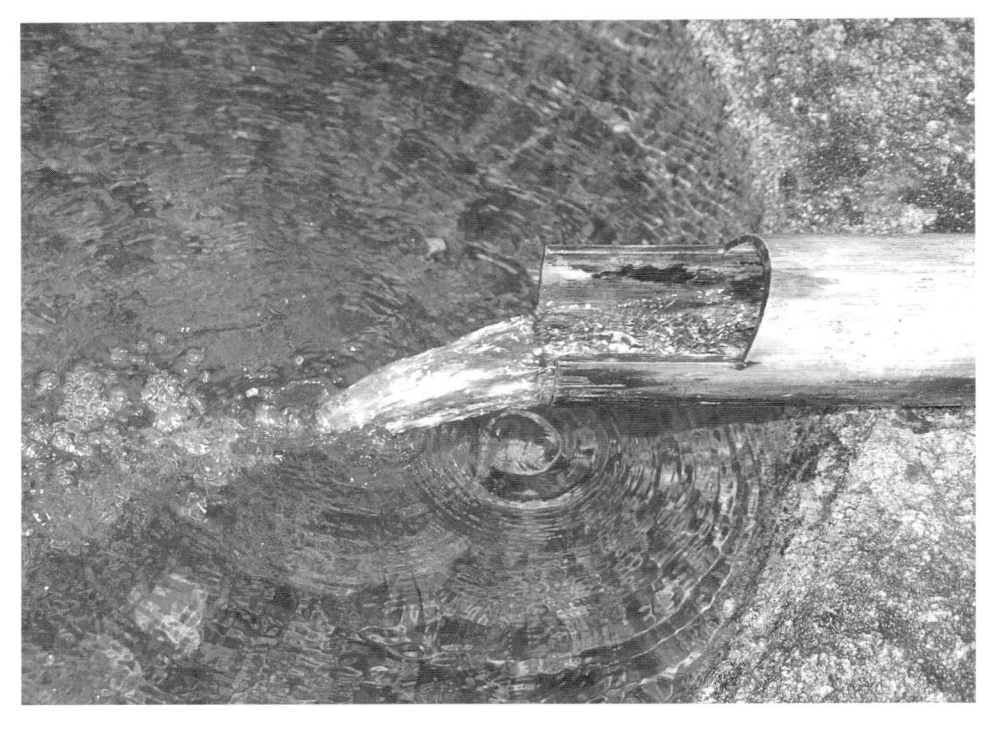

마음을 비우는 일이 가득 채우는 일보다 어렵다. 비워야만 비로소 채울 수 있다.

물을 먹어 보겠다고 일부러 약수터를 찾는 사람들이 많아졌다.

내가 사는 용천사도 맑고 깨끗하며 질 좋은 약수터라고 소문이 나 있다. 주말이면 정신이 없을 정도다. 길고 긴 뱀 꼬리를 늘어놓듯이 플라스틱 물통들을 차례로 늘어놓고 장사진을 이룬다. 주말에는 하루에 물 받으러 오는 사람들이 어림잡아 300명은 넘는다. 그렇게 극성스러운 물난리의 진풍경이 벌어진다.

물 뜨러 온 사람들 중에는 성급한 사람들도 더러 있다. 차례가 너무 지루한지 끝까지 못 기다리고 새치기를 하는 얌체족들이 또 문제다. 새치기를 하게 되면 먼저 와서 줄 서 있던 사람들이 가만히 있을 리 없다. 서로가 추호의 양보도 없다. 마침내 네가 옳으니 내가 바르니 하면서 험악한 멱살잡이 싸움이 되고 만다. 참으로 볼썽사나운 모습이다.

맑은 물을 마시겠다는 생각은 자신과 가족들의 건강을 염려한 것이 그 시작일 것이다. 그런데 그렇게 흥분하고 싸움질을 하면 온몸의 신경이 경직되고 엄청난 스트레스를 받는다. 흥분한 상태의 몸에서 만들어진 독 기운은 10년간 좋은 물을 마셔도 해독되지 않는다고 한다. 낭패스러운 일이 아닐 수 없다. 입에 거품을 물듯이 서로의 마음에 상처가 될 말들을 쏟아 부은 사람들이 좋은 물을 마셔서 무엇할 것인가.

우리나라 사람들의 잘못된 인식과 습관 중 하나는 몸에 좋다고 하면 무슨 약이든 가리지 않고 먹는 경향이다. 건강에 좋다고 하는 음식은 그곳이 어디든 원근을 불문하고 찾아다니면서 먹는다. 심지어 외국까지 나가는 것도 마다하지 않는다. 그러나 아무리 좋은 환경에 살고 특효가 있는 약과 음식 또 좋은 물을 마셔도 적당한 운동과 식습관, 충분한 휴식을 취하지 못한다면 다 쓸모없는 짓이다. 그리고 스스로 자신의 긴장된 마음과 흥분되어 있는 마음을 다스리지 못한다면 더욱 그러할 것이다.

그러므로 시간이 있을 때마다 일회성으로 끝내지 말고 꾸준하게 가까운 산을 찾아서 조용한 숲길을 걸으며 자연이 주는 아름다운 소리에 귀 기울여 보는 여유를 즐기는 것이 좋다. 고요한 호수 같은 곳도 나쁘지 않다. 멀리 호수 면에 시선을 툭 던져두고 심호흡을 한 번 하면서 가슴과 어깨를 쭈욱 펴 보라. 그리하면 저절로 차분하고 안정된 마음이 될 것이다. 평화롭고 안온한 마음을 얻는 것이 좋은 물과 좋은 보약을 먹으려고 애쓰는 것보다 더욱 효과가 있을 것이다.

한없이 작은 나라

 여행을 좋아하는 나는 조금만 여유가 있어도 시간을 내어 어디론가 떠나는 역마살 체질이다. 어떤 이는 말하기를 여행을 한다는 것은 즐거운 일이기도 하지만 겸손을 배우고 지혜를 배우는 기회가 된다고 한다. 여행이란 새로운 경험을 가져다준다. 또 낯선 곳에서 만난 사람들과 의사소통이 자유롭지는 못하지만 그들과 손짓 발짓으로 대화하는 동안 또 다른 즐거움을 느낄 수 있다.
 요즈음은 조금 무리를 해서라도 여행을 가고 싶은데 그럴 형편이 안 된다. 내가 꼭 가고 싶지만 가지 못한 곳은 티벳이라는 나라다. 그곳에 가고 싶다고 마음을 두고 있으니 티벳에 대한 정보는 갔다온 사람 못지않다. 모든 것을 접고 간다면 굳이 못 갈 것도 없지만 막상 떠나려 하니 이것저것 걸리는 게 많아 미루고 있다. 티벳이라고 하면 순박하고 때 묻지 않은 티벳인들의 해맑은 모습과 함께 그들의 얼굴에 드리워진 검은 그림자가 떠오른다. 그들의 나라 잃은 서러움과 분노를 생각하면 그곳에 가서 구경하고 떠들고 웃고 즐기는 여행을 계획할 용기가 나지 않는다.

티벳을 가보고 싶은 또 다른 이유는 지구상에서 유일하게 오염되지 않은 전통과 역사가 오롯이 살아있는 불교 국가라는 점을 꼽을 수 있다. 티벳은 스님이 법왕이 되어 나라를 통치하는 법왕제가 존재하는 곳이다.

티벳은 전체 국민이 불교 신자이며 생활 자체가 부처님의 가르침대로 욕심 없이 살아가는 곳이기도 하다. 그러나 불행하게도 1706년부터 서서히 중국 청나라의 간섭을 받다가, 마침내 2차 대전이 끝난 후 티벳 국민들은 영국군과 연합군의 지원으로 자주 독립 국가가 될 것을 기대했다. 하지만 열강의 손익 계산에 따라 1951년 중국의 겁박으로 중국 공산당과 17개 항의 평화 협정을 체결한 티벳은 시캉성 자치구로 둔갑하여 국가나 민족의 자존은 사라지고 말았다. 다만 중국의 지배와 통제를 받아야 하는 식민지 국가로 전락하여 불운한 역사를 살아가게 된 것이다.

티벳 하면 제일 먼저 떠오르는 것은 세계적으로 너무나 많이 알려진 대법왕 달라이라마(텐진갓초)다. 1935년 7월 티벳의 어느 작은 마을에서 태어난 텐진갓초는 13대 달라이라마의 후신으로 알려져 있다. 달라이라마는 중국의 억압을 피해 1959년 인도로 망명하기 전까지 당당한 티벳 불교의 정신적 지도자이며 또한 국가 원수로서, 티벳의 정치와 종교의 통수권자였다.

달라이라마 성하의 명언 가운데 '친구를 사귀는 방법' 이란 내용을 보면 "내가 상대방을 어떻게 도울 것인가를 먼저 생각하라. 내가 상대에게 무엇을 배울 것인가를 먼저 생각하라. 모든 괴로움은 자기의 이기심에서 온다. 그러므로 남을 섬기고 이타심을 행한다면 그것이 바로 행복이다."고 가르치고 있다. 달라이라마 성하의 생각을 잘 엿볼 수 있는 대목이다.

티벳 불교는 여러 개의 중소 종파가 있다. 두 개의 대표적인 라마교(밀교) 종파 가운데 제일 맏형 격인 일명 노랑 모자파(게루크파)의 수장이 달라이라마 성하이다. 그는 인도의 달람살라라는 곳에 망명 정부를 꾸려 놓고 조국을 잃은 많은 티벳인들과 그 자녀들을 교육시키고 교화시키며 살아가고 있다. 또한 1989년에는 평화주의·비폭력주의의 상징으로 세계 노벨 평화상을 수상하기도 했다. 그의 생활상과 정신세계를 엿볼 수 있는 온화한 미소와 자상함, 그리고 겸손함은 많은 서구 사람들의 호감을 갖게 한다.

그래서인지 미국뿐만 아니라 선진 여러 나라에서는 달라이라마 성하를 초청하여 그분의 맑고 향기로운 법문을 듣는데 주저하지 않고 있다. 게다가 한 번씩 초청될 때마다 수만의 군중이 운집하여 인산인해를 이룬다고 한다. 얼마 전 호주를 방문하려 하는데 중국

정부가 그의 초청을 거절해 줄 것을 요청했다고 한다. 그러자 호주 정부 대변인이 말하기를 "호주 정부는 단순한 물질적 가치만을 추구하지 않는다."라고 하였다. 이른바 정신세계의 가치를 중요시한다는 말일 것이다.

그런데 우리 정부는 어떠한가. 국민의 절반인 이천 만이 불교도이면서도 세계 불교의 상징적 존재인 달라이라마 성하를 모셔오는 초청조차 할 수 없는 형편이다. 불교 단체의 여러 채널들이 수없이 반복해서 달라이라마 성하를 초청하고자 외무부에 신청서를 냈다. 하지만 중국 정부와의 외교적 마찰이 우려된다면서 번번이 거절해 왔다. 참으로 작은 나라다. 중국이 그렇게 무서운 나라인가. 그들의 눈치를 보면서 살아야 될 만큼 궁색한 조국인가. 부끄럽기 짝이 없다. 국민들의 다수가 그렇게 소원을 해도 내 맘대로 사람 하나 초청할 수 없는 나라인가 말이다.

더구나 개구리가 올챙이 적 생각을 안 한다고 하더니만 우리가 그 같은 꼴이다. 조국을 일본의 침략과 침탈에 빼앗기고 조국의 독립을 위해 상해임시정부를 만들지 않았는가. 달람살라 티벳 임시정부와 뭐가 다른가. 36년간 일본 사람들의 노예로 살아온 뼈아픈 역사와 티벳 사람들의 오늘의 현실과 다르지 않다고 생각한다. 그같이 서러운 경험을 누구보다 잘 아는 우리 민족이 오늘날 좀 먹고

> 진정한 용사는 다른 사람과의 싸움에서 이기는 것이 아니라 자신과의 싸움에서 승리하는 사람이다.

살게 되었다고 이렇게 처신하면 안 될 것이다.

물론 세계의 정치적 환경이나 질서가 어떻게 개편되어 돌아가는지도 모르는 나같은 사람이 함부로 나댈 일은 아니다. 하지만 역사는 돌고 돈다고 하지 않았던가. 언젠가 우리라고 중국의 지배를 받지 않으리라는 보장은 없다.

그래서 단언하건대 그것이 정당한 일이라면 민족의 자존심을 걸고 우리가 주장해야 할 일, 우리가 해야 할 말, 우리가 해야 할 행동 등은 누구의 눈치도 보지 말았으면 좋겠다. 호주처럼 물질적 손실이 나고 다소간의 분쟁이 일어나더라도 반드시 해야 할 것은 실행해야 한다. 단순히 불교도 입장에서 달라이라마 한 분을 모셔 오기 위한 것만으로 이러는 게 아니다.

어제의 어려움을 오늘 쉽게 잊어버리는 간사한 인간성도 그렇고, 한 줌도 안 되는 권력이나 돈 따위의 힘 있는 사람에게 빌붙는 치사한 처세술도 옳은 것이 아님을 깨달아야 한다. 국민은 작지만 큰일을 하는 나라가 되기를 바라는 것이다.

올바른 교육

사마천이 쓴 중국의 역사서에 보면 춘추전국시대에 공자의 10대 제자 중 한 사람인 증삼이라는 인물이 나온다. 이 사람 밑에서 수학한 제자 중 오기吳起라는 아주 특별한 사람이 있다. 증삼의 문하에서 가장 뛰어난 학문과 명석한 두뇌를 소유한 사람이지만 기회주의자로 대표되는 인물이다.

   오기라는 사람은 오늘날로 말하면 출세 지상주의의 처세술을 가진 변신의 달인이다. 그가 여러 나라를 돌아다니면서 정승과 판서를 지낸 이력을 살펴보면 알 수 있는 일이다. 얼마나 출세에 대한 집념이 강했는지 홀어머니가 죽었다는 부고를 받고도 공부를 계속했으며 눈물 한 방울 흘리기는커녕 어머니의 장례를 치르기 위해 집으로 돌아가야 한다는 주위의 권고도 듣지 않았다. 정말 지독한 사람이었다. 하지만 그는 어떤 나라에 머물든지 무슨 일을 맡겨도 척척 해 내는 능력을 갖고 있었다.

한 번은 노나라에서 장관 정도의 직책을 맡고 있을 때 이웃 제나라로부터 침공을 받게 되었다. 그러자 노나라 대신들은 당장 눈앞에 일어난 전쟁을 막기 위해서 논의를 했다. 어떤 장수를 내보내야 이 전쟁을 승리로 이끌 것인가에 대해 갑론을박 했다.

논의한 끝에 병법이 뛰어나고 용기와 지략과 문무를 겸비한 오기를 최선봉장으로 내정하자는 데 의견이 모아졌다. 그러나 오기를 선봉장으로 내보내는 일은 절대 안 된다고 반대하는 의견이 나왔다. 문제는 그의 아내가 전쟁 상대국인 제나라 사람이라는 이유에서였다. 이 같은 사실을 알게 된 오기는 자기가 전장에 나가 선봉장으로서 승리한다면 임금으로부터 더욱 신임 받고 출세할 수 있는 기회라고 생각했다.

그러나 아내 때문에 이 같은 절호의 기회를 놓칠 수 없다고 생각하여 그는 조강지처인 아내를 단칼에 목을 베어 죽여 버렸다. 자신의 입신양명을 위해 아내를 죽인 그는 "적국 제나라가 쳐들어 왔는데 어떻게 노나라 녹을 먹는 관리가 불구대천 원수의 나라 적국의 여자와 살 수 있겠는가." 라고 말하며 명분을 내세웠다. 오기의 아내는 그가 증삼 문하에서 공부할 때부터 궁핍한 살림살이를 함께 견디어낸 고락의 동반자였다.

오기는 이렇게 아내를 죽이고 마침내 전공을 세워 출세하였다. 그러나 그는 얼마 가지 않아 노나라에서 쫓겨나는 신세가 되었다. 하지만 오기의 끝없는 출세 욕구는 그렇게 쉽게 포기되지 않았다. 또 다른 나라를 찾아갔다. 역시 그곳에서도 수완을 발휘해 출세를 하고 정승 반열에 올랐다. 하지만 너무나 많은 정적을 만들다 보니 그의 마지막은 역적이 되어 비참한 최후를 맞이하는 것으로 끝을 맺었다.

오늘날 우리 주변에도 이와 같은 오기의 2세들이 많이 있는 것 같다. 오기의 2세들이란 어느 정도 권력의 기반을 잡거나 경제적 생활이 안정되고 여유가 생기면 평소 신세를 지고 가깝게 지내던 이웃이나 부모 형제를 귀찮은 존재쯤으로 여기는 인간미를 상실한 부류들을 말한다.

우리는 가장 어렵고 힘들 때 딱히 경제적 도움이 아니더라도 부모나 형제가 자신의 가장 가까운 의지처라는 것을 부인하지는 못할 것이다. 또한 염치없는 경우라 해도 지인들의 도움을 청할 수밖에 없는 절박한 때를 경험한 사람도 있을 것이다. 그러나 그와 같이 힘겨운 시간이 지나고 나면 언제 그랬느냐는 듯 까마득히 잊어버린다. 고의적으로 건망증 환자가 되어버리는 듯하다.

그것뿐만 아니다. 현대판 오기가 사회 이곳저곳에서 창궐하고 있는 것이 문제다. 학문적인 지식이 우수하고 과학적으로도 최고급 두뇌를 자랑하는 사람들 가운데 일부이기는 하지만 무서운 짓을 하는 인사들도 있다. 아무리 풍부한 지식과 고급 학문을 닦는 자라고 해도 정신이 건전하지 못하고 사고가 건강하지 않다면 아무 소용없는 일이다. 인격적으로 덜 성숙된 인간성은 폭탄처럼 위험할 수도 있다. 그들이 고도의 기술력을 가지고 저지른 범죄는 단순 절도나 좀도둑과는 비교될 수 없는 엄청난 국가적 손실을 야기할 수도 있는 것이다.

하나의 예로, 컴퓨터 프로그램을 조작하는 기술이 뛰어난 사람은 어느 나라든 마음만 먹으면 특정 국가의 특급 비밀을 빼내오는 해킹 작업을 눈 깜짝할 사이에 이룰 수 있다고 한다. 상상만으로도 끔찍한 일이다. 지금과 같은 정보 홍수 시대에 살면서 누가 또 나쁜 마음을 먹고 나에게 손해를 끼치기 위한 정보를 훔쳐갈지도 모를 일이다.

개인 정보야 그렇다고 하더라도 국가 간의 정보 싸움은 자칫 큰 전쟁을 불러 올 수도 있다고 상상하면 정말 소름이 끼쳐진다. 어디 그뿐이겠는가. 수천 억의 천문학적 국익이 걸린 우리의 피땀 흘린 노력의 기술과 그 소중한 정보들이 한 순간에 도둑맞는 경우도 있다.

일신의 이익을 위해 잔돈 몇 푼으로 외국 기업에 팔아넘기는 매국노급 산업 스파이들이 있다고 들었다. 게다가 대부분 사회 지도층급 인사들이거나 충분한 학식과 덕망을 가지고 이 사회를 향도해 나가야 할 사람들이 더러는 법치국가의 법질서와 정면으로 위배되는 행위를 서슴치 않고 자행하는 경우가 종종 있다. 몰지각한 특권 의식의 발로로 자신이 하는 짓은 무조건 정당하다는 생각을 하는 것은 심각한 문제다.

이와 같은 구조적 모순과 사회적 병리 현상은 어디에서부터 잘못된 것인가. 내 생각에는 우리나라 교육 정책 부재에서 그 원인을 찾아야 할 것이다. 암기식·주입식 교육과 누구나 대학에 꼭 가야만 하는 절대 명제를 눈앞에 둔 입시 위주의 교육 정책은 사설 학원만 배불리고 있는 실정이다.

어떤 이는 과외 재벌도 되었다고 하지 않는가. 정말 한심하기 이를 데 없다. 아이들 교육을 틀로 찍어내듯 하면 어쩌자는 말인가. 교육은 먼저 가정 교육에 가장 큰 점수를 주어야 한다. 또한 인성 교육은 지식을 주입시키는 교육보다 더 중점적으로 지도해야 할 과목이다.

교육은 인격 도야에 그 목적을 두어야 한다. 게다가 학문이란 빵을 사는 수단일 수는 있지만 목적이 될 수는 없는 것이다. 이 땅에는 자신의 영달을 위해 수단과 방법을 가리지 않는 오기 같이 몰염치한 인간성을 가진 젊은이가 단 한 명도 출현하지 않기를 바라는 마음 간절하다.

나눔의 미덕

지금은 흔적조차 찾을 수 없지만 통일신라시대의 웅대한 거찰 황룡사 부근에 조그마한 사찰이 하나 있었다. 이 절 이름은 천엄사라고만 전해진다. 이곳 천엄사 문 앞에서 일어난 사건은 신라의 위대한 스승으로 추앙 받았던 사람들 중 한 명인 정수 국사의 이야기다.

당시 신라에는 연대는 조금씩 다르지만 자장 율사, 의상 조사, 원효 성사 등 쟁쟁한 스님들이 많이 출현했다. 정수 국사가 살았던 시대는 신라 애장왕이 즉위한지 얼마 되지 않은 시기로, 13세의 어린 애장왕이 등극하여 나라를 다스리는 어수선한 때였다.

눈보라가 휘날리는 어느 추운 겨울 밤 정수 스님은 황룡사로 가기 위해 길을 나섰다가 눈길에 막혀 밤늦도록 헤매고 다녔다. 그러다가 천엄사 불빛을 발견하고 눈밭에 넘어지고 또 넘어지면서 오직 천엄사만 들어가면 살 수 있다는 생각밖에 없었다.

그런데 그때 어디선가 갓난아기의 울음소리가 자지러지게 들려왔다. 처음에는 이토록 깜깜한 겨울밤에 아기 울음소리가 날 리가 없다고 생각하며 자신이 잘못 들은 것으로 알았다. 그러나 천엄사 입구에 점점 가까이 다가가자 아기 울음소리의 실체가 드러나는 것이었다. 차가운 눈밭에서 이제 막 해산을 한 젊은 여인이 아기의 탯줄을 입에 물고 온몸에 피를 흘리며 쓰러져 있었다.

지옥 같이 참혹한 광경을 발견하고 깜짝 놀란 정수 스님은 우선 아기의 탯줄을 끊고 입고 있던 두루마기를 벗어 아기를 돌돌 감싸 안았다. 그러나 이 같이 낭패스러운 일이 어디 있을까. 아기 어머니는 산고를 이겨 내지 못하여 혼수상태에 빠진 것이다. 냉기가 뼈를 후벼 팔 것 같은 엄동설한에 여인은 입은 옷마저 변변치 않았다. 곧 얼어 죽을 것만 같은 산모를 위해 정수 스님은 아예 입고 있던 옷을 다 벗어서 산모에게 입혀 주고 당신은 실오라기 하나 걸치지 않은 벌거벗은 몸이 되었다.

산모의 언 몸을 녹여주기 위해 아무리 손을 써 보아도 허사였다. 곧 숨이 멎을 것만 같은 산모를 살리기 위해 다급한 마음에 천엄사 문을 사정없이 쾅쾅 두드렸다. 그러자 그곳에 사는 스님들이 나오는 인기척이 들렸다. '옳지, 이제는 되었구나. 두 생명을 살리게 되었다' 고 생각하고 안도의 한숨을 쉬면서 정신 없었던 잠깐의 상황을 돌아보았다. 스님은 그들을 천엄사 문 앞에 밀쳐 두고 발가벗은 자신의 모습이 너무나 민망해서 도망치듯 황룡사 쪽으로 가 버렸다.

황룡사 근처에서 정수 스님 또한 쓰러지고 말았다. 아무리 수행력이 높은 스님이라지만 발가벗은 몸으로 그 추운 겨울밤을 눈밭에서 뒹굴었으니 온전할 리가 없었다. 새벽이 되어 도량석을 도는 어린 사미승에게 발견된 스님은 온몸이 동태처럼 얼어서 생명이 위험한 지경에 이르렀다. 황룡사 대중 스님들이 지극하게 정성을 다하여 간병을 해준 덕분에 겨우 목숨을 건진 정수 스님은 어느 정도 건강이 회복되었다.

이 같은 온정의 이야기는 입에서 입으로 전해져서 마침내 애장왕에게까지 알려지게 되었다. 그리하여 신라 왕실에서는 황룡사로 사람을 보내 정수 스님을 초청하였다. 그러나 스님은 끝내 거절하고 번거로움을 피하기 위해 다음날 아침 일찍 혼자 은거하던 작은 암자로 돌아가 버렸다.

살신성인의 정신으로 두 사람의 목숨을 살려낸 자비로운 정수 스님은 어떤 보상을 바라고 한 일이 아니었다. 인연이 닿아서 벌어진 일이라고 단순히 생각하고 있었다. 그런데도 주변에서 지나친 관심을 보이니 스님은 무척 부담스러웠던 것이다. 그러나 왕궁에서는 다시 백방으로 수소문한 끝에 스님을 찾아서 왕궁으로 모셔다가 통일신라의 국사로 추대하였다고 한다.

출가 수행자의 신분으로 어려움에 처한 사람을 돕는 것은 당연한 일이라고 할지 모르지만, 살을 에이는 눈밭에서 발가벗고 나서는 용기야말로 죽음을 각오하지 않고는 불가능한 일이다. 미담이라고 하기에는 너무나 휴머니즘적인 이야기이다. 누가 자기 목숨을 내던져서 아무런 이해 관계도 없는 사람을 도울 수 있겠는가. 쉽지 않은 일이다.

부처님의 자비 사상을 말로는 곧잘들 하면서도 실천이 궁핍한 게 불교인들의 현주소다. 그런 점에서 구체적이고 적극적인 자비가 더욱 빠르고 널리 발용發用되어야 할 것이다.

얼마 전 역전 부근의 노숙자들을 위해 점퍼를 몇 벌 사다가 나누어 준 적이 있다. 그런데 같은 노숙자들 사회에도 서열이 있고 선후배 관계가 있는 것을 알았다. 그곳의 우두머리쯤 되는 사람이 갑자기 나타나더니 마구 욕설을 해 대며 내가 나누어주는 점퍼를 모조리 빼앗아서 자기 앞에 갖다 놓는 게 아닌가.

조금 힘이 약해 보이는 사람들은 나와 그 사람의 눈치를 번갈아 살피면서 나에게서 받은 점퍼 선물을 좋아할 겨를도 없이 그의 명령대로 고스란히 갖다 바쳤다. 그리고는 우두머리 마음에 드는 사람 순서대로 다시 배급을 하는 것이었다. 왜 그러느냐고 따져 물으니 "잘 모르면 가만히 있으라."고 하면서 질서 유지를 위해서는 어쩔 수 없다고 했다. 게다가 한술 더 떠서 "그렇게 걱정되면 옷을 더 살 수 있게 현찰을 달라."는 것이었다. 모자란 나머지 부분을 자기가 직접 구입해다가 나눠주겠다는 친절한 말씀이다. 공갈단같은 표정을 짓는 그의 행동은 사람을 주눅 들게 하는 인상이었다.

참으로 어이없는 사람이었다. 고맙다는 말을 들으려고 한 것은 아니었다. 하지만 적반하장도 유분수다. 자기가 무슨 권한으로 가로채서 자기 마음대로 나눠주는지 도저히 이해할 수가 없었다. 춥고 배고프고 마음까지 바람이 숭숭 들어 있는 사람이 아닌가. 똑같이 외로운 처지에 놓여 있는 사람들끼리 서로가 불쌍하게 여기지는 못하더라도 그들에게 군림하려는 그의 심사가 너무 얄미웠다.

한편으로는 나의 잘못이 크다고 반성을 하게 되었다. 좀 더 넉넉하게 옷을 사가지고 갔더라면 이 같은 사나운 꼴은 보지 않아도 되었을 터인데 하는 마음이었다. 가지고 간 옷이 모자라서 미처 받지 못한 사람들의 서운해 하는 눈을 바라보며 왈칵 눈물이 나는 것을 겨우 참으며 돌아서 왔다.

정수 스님처럼 온몸을 바쳐 자비사상을 펼치기는 어렵더라도 적어도 불자라면 남과 나눌 줄 아는 기본 마음가짐을 가졌으면 좋겠다.

자비로운 사랑을 할 줄 아는 사람은 그 마음 안에 두려움이 없고 오히려 미움을 녹이는 힘이 들어 있다.

목련화를 보면서

 우리나라 토종 꽃의 종류는 그 수를 헤아릴 수 없을 만큼 많다. 산수유, 개나리, 물봉선, 동자꽃, 갯버들, 산자고, 솜방망이, 갯장구채……. 토종은 아니지만 백목련도 우리나라 토종 꽃처럼 친근하다. 여인의 단정함과 우아한 기품을 닮아서 그런지 몰라도 나는 백목련을 무척 좋아한다.
 봄 3월이나 4월쯤 피는 산목련은 그 향기가 여간 짙은 것이 아니다. 목련도 백목련과 자목련이 있다. 백목련과 자목련의 차이는 색깔도 흰색과 자주색으로 나뉘지만 꽃잎의 크기도 달라서 백목련은 12~15센티미터이고 자목련은 그보다 조금 작은 10센티미터쯤 된다. 목련꽃의 꽃말은 따뜻한 우정을 의미한다. 또 다른 꽃말은 순결을 상징하는 꽃이라고도 한다.

나는 우정보다 순결한 꽃이라는 이미지가 마음에 든다. 목련꽃의 전설에 보면 순결의 의미를 새길 수 있다.

하늘나라에 눈부시게 아름답고 목련처럼 어여쁘게 생긴 공주님이 살았다. 이 공주님은 바다를 지키는 바다지기 장군을 사모하게 되었다. 그런데 아쉽게도 바다지기 장군에게는 사랑하는 애인이 있었다. 그래서 공주님의 사랑을 받아 줄 수가 없었다. 아무리 애를 태우고 사모의 정을 뿌려 보지만 사랑하는 애인을 버릴 수 없는 바다지기 장군의 입장은 단호했다.

그래서 마침내 하늘나라 공주는 사랑을 이루지 못한 고통을 안고 죽었다. 이 소식을 들은 바다지기 장군은 공주의 사랑을 받아주지 못한 죄책감 때문에 한동안 고민하다가 이 세상 누구도 사랑하지 않겠노라는 맹세를 하게 되었다. 그리고 자기가 그렇게도 아끼고 사랑하던 애인을 바다에 던져서 죽여 버렸다. 바다지기 장군을 사랑하던 두 여인은 죽어서도 나란히 바다를 바라보며 백목련과 자목련으로 피어났다고 한다.

사랑을 하는 것이 사랑하지 않는 것보다는 아름다운 일이다. 그러나 사랑이란 불안전한 놀이기구와 같아서 타고 있으면 즐겁기도 하지만 한편으로는 두렵고 고통스러운 것도 사실이다. 그래서 사랑하는 마음은 서로에게 더욱 외로움을 강요하는 일인지도 모른다.

진실로 온전한 사랑을 원한다면 서로를 속박하지 말아야 한다. 그리고 그 무엇으로도 깰 수 없는 강한 믿음이 선행되어야 한다. 여러 가지 유형의 사랑이 있겠지만 통상적으로 사랑은 크게 네 가지로 나눈다. 그리스어로 된 네 가지 사랑은 에로스, 스토르게, 필리아, 아가페라고 한다.

에로스는 보편적인 이성간의 사랑을 뜻하지만 잘못된 에로스의 이해는 쾌락주의를 표방할 위험이 있다. 그러나 생명의 잉태를 상징하는 순결하고 아름다운 남녀들의 사랑을 에로스라고 정의할 수 있을 것이다. 그리고 이 에로스는 모든 사랑의 씨앗, 즉 종자와 같은 것이다. 에로스 사랑을 먹고 점점 성장하면 스토르게나 필리아 같은 성숙한 사랑으로 전이轉移되기 때문이다.

첫번째 에로스 사랑의 특징은 독점적 지위를 유지하려는 집착이 강한 사랑이기 때문에 누구와도 나눌 수 없는 한계가 있다. 나눌 수 없는 운명의 사랑이기에 제 삼자가 나누고자 접근해 오면 강한 적의를 드러내고 갈등하며 예기치 못한 불행으로 끝이 나 버린다. 그래서 눈물이 있고 원망이 있고 분노가 있고 미움이 함께 있는 사랑이다.

두 번째 스토르게 사랑은 혈육 관계와 같아서 부모와 자식 간의 사랑을 말한다. 스토르게 사랑의 성격은 우선 너그럽고 관대하며 포용력이 있다. 조건도 이유도 없이 상대방을 이해하려고 하고 이해 받기도 하는 사랑이다. 이는 불교적 자비사상이 상징적으로 그려 내는 사랑이기도 하다. 어머니가 자식을 사랑함에 있어 그 아들이 죽을 죄를 지은 죄인이라 하여도 어머니의 자비로운 사랑은 충분히 감싸 안아 줄 수 있는 위대한 사랑이 스토르게 사랑이다.

세 번째 사랑은 필리아다. 필리아 사랑은 사랑할 수 있는 대상이 한정되어 있지 않다. 불특정 다수가 모두 나의 친구일 수 있으며 누구와도 나눌 수 있는, 논리적으로 보면 무리가 없는 사랑을 말한다. 적당히 다른 사람과도 공유할 수 있고, 오래도록 그 사랑을 지속한다 하여도 부담되지 않고 싫증나거나 미워하지 않을 수 있는 사랑이다.

마지막 사랑은 아가페다. 이 사랑이 가장 아름다운 사랑인 것 같으면서도 제일 마음에 안 드는 사랑이다. 신과 인간의 사랑이기 때문에 일방적이고 접근 불가, 표현 불가를 원칙으로 하는 사랑이다. 때문에 실체가 보이지 않는다. 그래서 아무 것도 할 수 없는 사랑이다. 그냥 마음 안에 가두어두고 혼자 자아도취에 빠진 환자들이 즐기는 사랑이다. 상대방이 사랑하고 있는지를 아는지 모르는지 애매모호한 뜬 구름 같은 사랑이다. 흔히 짝사랑을 아가페 사랑이라고 한다.

그와 같은 사랑은 자기 자신만 사랑하면 되니까. 그가 내 사랑을 받아주든 안 받아주든 문제될 것이 없다. 어쩌면 일방통행식 사랑이다. 아가페 사랑은 누가 뭐래도 짝사랑이다. 그렇지만 마음 안에 굳은 믿음이 있는 짝사랑이기 때문에 아가페 사랑은 스스로 혼자만 기쁨을 누리는 몽상가적 사랑이다.

　오늘날 사랑의 종류가 아무리 많아도 남녀 간의 불같은 정열이 살아 있는 사랑만큼 아름답고 값있는 사랑은 없을 것이다. 그 사랑이 아니고는 인류는 존재하지도 않았고 존재할 이유도 없다.

　그렇게 아름답고 뜨거운 사랑이 조잡한 인간들의 욕망 때문에 산산조각이 나고 있다. 너는 가진 것이 너무 없으니 사랑할 수 없다, 너는 얼굴이 겸손하게 생겨서 안 되겠다, 또 너와는 성격이 안 맞아서 그만 두어야겠다는 둥 사랑에 비겁한 핑계를 대고 있다. 사랑하는데 있어서 무슨 이유가 있을 수 있단 말인가.

　사랑하는데 자격 심사라도 봐야 하고 면허증이라도 따야 한다는 말은 들어 보지를 못했다. 그 따위 사랑은 사랑이 아니다. 다만 사랑일 것이라고 착각하고 있는 것이다. 단순하게 장난감을 좋아하던 아이처럼 그냥 좋아했던 관계라고 말하는 게 옳을 것이다. 적어도 남녀간에 있어서 사랑은 그렇게 싸구려로 해서는 안 된다.

　사랑은 죽을 때까지 함께 가야 할 두 사람의 지독한 책임이고 약속이며 의리이다. 찢어진 사랑의 깃발을 다시 세우고 진실한 사랑이 뿌리내릴 수 있는 풍성한 땅으로 가꾸어 가자.

노 부부의 비애

아침 일찍부터 우리 절에 적을 두고 다니는 신도님 내외분이 찾아와 상담을 청했다. 갑작스러운 방문이라 적이 놀랐다. 시골에서 농사만 짓고 사는 순박한 노부부의 어두운 표정에서 무엇인가 심각한 일이 발생한 것 같다는 예감이 들었다. 우선 차를 한잔 끓여서 대접했다. 그러나 차를 마시는 것보다 더 중요한 문제를 의논하러 왔다고 했다. 저간의 사정을 들은 나는 매우 당황스러웠다.

  노부부는 오직 하나의 희망인 외아들을 얼마 되지 않는 밭농사를 지어서 모은 돈으로 서울에 이름 있는 대학까지 졸업시켰다고 했다. 그리고 졸업 후 서울에서 직장을 구하고 그곳에서 여자를 만나 장가까지 보냈다. 그런 둘도 없는 아들이 어제 오후에 자살을 하였다는 청천 벽력같은 소리를 했다.

　그들은 아들이 사후에 더 좋은 부모를 만날 수 있도록 절에서 사십구재를 지내주었으면 좋겠다고 의논을 하러 온 것이었다. 젊은 사람이 갑자기 왜 자살하게 되었는지 내용을 듣고는 더욱 놀라지 않을 수 없었다.

　얘기인즉, 며느리의 씀씀이가 헤퍼서 직장 다니는 아들 봉급으로는 생활비가 충당되지 않아 가끔씩 푼푼이 모은 돈을 올려 보내주기도 했다고 한다. 노부모를 모시기는커녕 오히려 그들이 모아 놓은 쌈짓돈까지 빼앗아가는 며느리가 정상적인 사고를 가진 여자는 아닌 듯했다.

　그러나 문제는 여기서 끝나지 않았다. 이 젊은 여자는 사치가 너무 심해 심지어는 남의 돈을 빌려다 제 주머니돈처럼 흥청망청 썼다. 그리고 빚을 못 갚아 남편 직장까지 사람들이 찾아오게 하여 망신을 시키는 경우도 있었다고 한다. 마침내 전셋집도 모두 빚으로 넘어가고 매달 봉급마저 압류당하는 지경에 이르자 여자는 어디론가 도망을 가 버렸다.

　그녀가 그동안 가산을 탕진하게 된 원인이 카드깡이라는 것을 했기 때문이란다. 산 속에 있는 부모로서는 전혀 알아들을 수 없는 그 카드깡이라는 말을 사전에서 찾아보니 국적 불명의 단어였다. 일본 사람들이 흔히 쓰는 '와리깡' 이라는 말에서 카드에다가 붙여 쓰니 '카드깡' 이 된 것이다.

여자의 카드깡에 망해버린 남편의 입장에서는 가정의 파탄은 물론이고 어디서부터 수습을 해야 할지 엄두조차 낼 수 없는 최악의 상황을 맞아 절망의 순간에서 자살을 택했다.

물론 잘못이야 자기 형편에 맞는 생활을 영위하지 못하고 돈에 대한 그릇된 가치관과 욕심이 불러온 불행함에서 비롯됐지만, 지나치게 허영에 들뜬 사치심과 건전하고 정상적인 소비의식을 가지지 못한 며느리 되는 여자에게도 상당 부분 책임이 있는 것처럼 보였다.

지금 우리 사회는 이러한 일들이 심심찮게 일어나고 있는 것이 큰 문제다. 돈을 빌려주고 고액의 이자를 뜯어가는 악덕 사채업자들에게도 전혀 책임이 없지 않을 것이다. 자본 시장의 속성이라는 게 이윤 추구의 극대화에 있는 것도 엄연한 현실이다. 하지만 돈이 무엇이기에 사람의 목숨과 바꿀 만큼 대단한 것인가 회의가 든다.

생명을 위협하는 사채란 무엇일까. 사채는 돈을 빌리는 금전 대차에 의한 법정 이율을 초과하는 이자 거래를 말한다. 우리나라 사금융의 법정 최고 이자 한도액은 66퍼센트라고 한다. 그러나 이것은 정식으로 대부업을 하는 거래의 한 형태이다. 어떤 사람은 악랄한 사채업자에게 잘못 걸려서 100만원을 10일간 빌려 쓰는데 선이자를 20만원씩 뜯어가더라고 했다. 이런 말도 안 되는 엉터리 돈장사는 고려 때부터 시작되었다.

1074년 문종왕 치세 시절에 '자모정식법子母停息法'이라고 해서

1본 1리를 원칙으로 하여 고금리 이자를 뜯으려는 사채업자들의 수탈을 막았다는 기록을 보면 예전부터 사채업은 존재했던 것 같다. 갖은 편법을 다 동원해서 하층민들을 괴롭히는 고리 대금업자들은 별의별 악행을 다 저질렀다고 한다. 빚 대신 사람을 담보로 하여 돈을 빌려주고 그들의 딸을 데려다가 노비로 삼거나 첩으로 삼기도 했다.

오늘날 대부분 턱도 없는 이자를 지불해야 하는 사채업자의 약탈을 감수하고라도 그 무서운 사채를 쓰게 되는 사람들이 있다. 그들 중에는 시장 바닥에서 노점을 하는 사람들이나 하위직 근로자나 일용직 근로자들이 상당수가 된다고 한다. 힘없고 가난한 사람들이 절박한 상황에 몰리면 죽을 각오를 하고 독약과도 같은 사채를 쓰게 되는 것이다.

정권이 바뀔 때마다 입버릇처럼 서민 경제를 우선적으로 살려보겠다고 하지만 그것은 모두 정치인들의 말장난에 불과할 뿐이다. 또 다른 문제는 우리나라 사채 시장의 70퍼센트가 일본 그룹들이 점하고 있다는 사실이다. 왜 그러한 자금이 유입되도록 방치하는지, 우리 정부는 무엇을 하고 있는지 모를 일이다. 또 지하 경제를 움직이는 소위 큰 손들의 막대한 자금원이 어디서부터 시작해서 사채 시장으로 흘러 들어가고 있는지 제대로 된 정보를 가지고 대책을 세워야 할 것이다.

2007년 현재 국민 1인당 2개 이상 발급된 각종 서비스 카드가

어려움을 당하여 절망하지 마라. 어려움을 당한 때가 자신을 가장 성숙하게 하는 기회가 될 수 있다.

8,000만 장이라고 한다. 이것은 어마어마한 숫자다. 신용카드의 본래 목적이야 현금을 가지고 다닐 필요 없이 간편한 플라스틱 딱지 하나만 달랑 들고 다니면서 돈 대신 결제하는 편리한 수단이라는 것에 있다. 어디서나 쉽게 쓸 수 있는 이른바 플라스틱 머니라는 것이다. 게다가 물건을 사고팔면서 혹시 누락될 수 있는 세수원을 추적하고 확보하는 데도 용이한 시스템인 것이다.

카드의 기능이 그 정도면 충분할 텐데 마치 카드 하나면 무엇이든 다 할 수 있는 요술 방망이처럼 해 놓은 게 문제가 아닐까. 간악한 싸구려 자본주의자들이 노리는 숨은 계략은 서비스 카드라는 이상한 물건을 만들어서 손에 쥐어주고 마치 거저 주는 것 같은 착각이 들게 온갖 방법으로 돈을 쓰도록 현혹한다.

1년에 8,000만 장의 카드가 현금 서비스로 빌려준 돈이 무려 156조원이라고 한다. 천문학적 돈이다. 거기서 빌려 쓰고 못 갚아 신용불량자가 된 숫자는 120만 명에 이른다고 한다. 그 정도의 숫자면 작은 도시 인구의 절반이 돈을 갚을 능력을 상실한 사람들이라고 보면 될 것이다.

서비스 카드의 더 큰 문제는 경제 활동을 하지도 않는 학생들에게까지 보급하여 꾸역꾸역 신용불량자를 양산하고 있다는 점에 있다. 신용불량자가 되면 모든 사회 활동에 저촉을 받는다. 뿐만 아니라 젊은 날에 서툰 실수로 신용불량자가 되고 나면 직장을 구하는 데도 엄청난 제약이 따른다. 이렇게 멀쩡한 학생들을 구렁텅이로 몰아넣는 질 나쁜 자본주의 사회로부터 젊은 청춘들을 보호할 방법은 없는 것일까.

갚을 능력도 없는 사람에게 경쟁적으로 신용카드를 발급하는 카드 회사들은 그것이 그들을 죽음으로 몰아가는 초대장 같은 것이 될 수도 있다는 생각을 해야 한다. 카드 발급에 있어서 미국 비자를 받을 때만큼이나 까다롭고 보다 엄격한 심사를 거쳐서 진행한다면 이런 사회적 비극은 막을 수 있을 것이다.

돈의 위력은 정녕 무소불위無所不爲한 것이며, 돈이면 안 되는 게 없는 절대 가치인가를 묻고 싶다. 한 번쯤 냉정하게 되짚어 보자. 돈 밝힘증에 중독되어 찌들어버린 사회는 아구리 좋은 약을 먹어도 회복이 불가능한 중병 환자와 같다. 맑고 향기롭게 건강한 사회를 만들기 위해서는 돈의 가치보다 더 중요한 것이 얼마든지 있다고 인식될 수 있도록 가르치고 교육해야 한다.

돈 때문에 가정이 파탄나고 끝내 자살이라는 최후의 수단을 택한 젊은 아들의 죽음으로 상심한 노부부를 대하는 아침이 내내 어둡게만 느껴졌다.

3부 장터 풍경

꿈같은 인생

밤새 내리던 빗방울이 아침에는 조금 잦아들었다. 이렇게 내리는 봄비는 새싹을 움트게 하는 달콤한 속삭임이라는 생각이 든다. 겨우내 땅 밑에 웅크리고 앉은 씨앗들의 지루한 동면을 깨우려고 대지를 톡톡 노크하는 봄비는 계절의 전령사답다. 이제 얼마 안 있으면 앙증스럽게 땅 위로 고개를 내밀고 나오게 될 쑥이며 냉이, 달래 등 봄 입맛을 돋우는 나물들이 지천으로 자라날 것이다.

봄꽃들은 또 얼마나 곱게 피겠는가. 노란 개나리꽃부터 산을 온통 분홍치마로 물들이는 진달래, 철쭉 등 봄은 우리에게 설레임과 기대감을 가져다준다. 희망의 정수리를 내보이며 화사한 행복감을 안겨주는 계절 또한 봄이다.

그러나 봄이라는 계절은 다른 계절에 비하면 너무 짧은 것이 흠이다. 그래서 사람들은 춘몽春夢이라고 하지 않던가. 잠깐 스치듯 잠들었다 깨어나서 꾼 것 같지 않게 꾸는 꿈을 일러 춘몽이라 한다. 꿈에는 춘몽 외에도, 깊은 숙면에 들지 못하는 사람들이 많이 꾸는 악몽 같은 것도 있고, 신통하게도 밤에 꾸고 난 꿈이 현실에서 생생하게 재현되어지는 예시 꿈도 있다. 무엇인가 현실에서 간절하게 구하거나 고민하고 있는 문제가 꿈속에서 해결되는 꿈도 있다. 꿈을 전문으로 연구하던 서양의 정신분석학자 프로이드 박사는 꿈은 현실에 비례한 거울이라고 주장한다.

좋은 꿈이라고 분류되는 길몽에도 그 종류가 많다. 행운의 꿈으로 대표되는 돼지꿈, 용꿈, 똥꿈 등은 다음 날 일어나자마자 로또복권이라도 한 장 사야 할 것 같은 사행심을 조장하기도 한다. 누구와 죽도록 싸우거나 교통사고를 당하거나 물에 빠진다거나 도둑을 맞는 꿈 등, 흔히 흉몽이라고 말하는 나쁜 꿈은 왠지 하루가 불길할 것 같은 느낌을 받는다. 그런 꿈을 꾸게 되면 마음 한편으로 께름칙하고 개운치 않은 기분이 남는다. 때로는 좋은 꿈을 꾼 사람에게 그가 꾼 꿈을 복으로 여기고 그의 행운을 사는 사람도 더러 있다.

가장 꿈을 잘 산 사람 중 하나가 바로 신라 김유신의 두 여동생 가운데 막내 여동생이라고 한다. 언니가 꾸었던 간밤의 꿈 이야기는 좀 망측스러운 것이었다. 자신이 소변을 보는데 신라 땅 전체를 흠뻑 적시는 이상한 꿈을 꾼 것이다. 막내 동생은 언니의 이러한 꿈

이야기를 듣고 언니에게 흥정을 하여 그 행운의 꿈을 비단 한 필을 주고 샀는데 그것이 행운을 가져다 줄 것이라고 믿었다.

뒷날 김춘추의 아내가 되고 신라의 왕비 문명황후가 된 것도 좋은 꿈을 샀기 때문이라고 말한다. 믿을 수 없는 꿈 이야기가 전설로 전해질 뿐이다.

절집에서는 꿈에 별 의미를 두지 않는다. 망상심의 어떤 환영이라고 생각하며 수행을 게을리 하는 자들이 무의식 속에서 만들어 낸 번뇌의 종자라고 여긴다. 그뿐만 아니라 선사들은 꿈을 시간 개념으로 보았다. 사람의 일생을 칠십 팔십의 길고 긴 여정으로 보지 않고, 잠시 잠깐 봄날에 낮잠을 자다 꿈을 꾼 것 같은 시간 안에 우리의 생명은 시작과 동시에 끝난다고 생각하는 것이다.

이렇게 인생을 한정된 찰나적 시간과 공간적 개념으로 이해하는 것은 무서운 자기 성찰을 요구하고 있다. 하루하루를 헛되이 보내고 있지는 않은지, 곧 다가올 죽음의 위협으로부터 자유로운 몸이 되기 위해 이 순간 그대는 무엇을 하고 있는가를 묻고 있는 것이다. 혹 값어치 없는 일에 시간을 소비하지는 않았는지 철저한 자기 검증을 주문하고 있다.

『금강경』맨 마지막 편「응화비진분」을 화려하게 장식하고 있는 사구게에는 사람의 일생이 꿈보다 더 짧은 것이라고 극명하게 나타내고 있다.

사랑은 칼의 양날과 같다. 사람을 죽이는 무서운 흉기가 되기도 하고, 사람을 살리는 묘약이 되기도 한다.

일체유위법一切有爲法, 여몽환포영如夢幻泡影
여로역여전如露亦如電, 응작여시관應作如是觀

이 말씀은 곧 "이 세상에 존재하는 모든 것들은 잠시 인연 따라 머무는 것이며, 그림자처럼 아니면 물에 뜬 거품처럼 또는 봄꿈과 같이 착각의 환영을 쫓고 있는 것이다. 게다가 아침 햇살에 말라버리는 이슬과 같이 또는 비오는 날의 번갯불처럼 찰나적 만남일 뿐이다. 이와 같은 현상을 바로 보는 지혜의 눈을 떠야 한다."라고 가르치고 있다.

그렇다. 시간이라는 재산을 지능적으로 소비할 줄 아는 자만이 인생의 승리자가 된다는 말이다. '인생은 꿈과 같다'는 사실을 깊이 자각한다면 인생을 결코 헛되이 살 수 없을 것이다.

어린 날의 추억

나의 어린 시절 우리 집은 그렇게 가난하지는 않았지만 그렇다고 떵떵거리며 사는 부잣집은 더욱 아니었다. 어디서나 흔하게 볼 수 있는 평범한 시골집이었다. 부모님 두 분 중에서 아버지는 자상한 편이었지만 어머니는 조금 엄하셨다.

나는 무엇을 하건 꼭 어머니의 허락을 받은 뒤에 행하지 않으면 안 되는 지독한 사고뭉치였다. 또 한편으로는 한 번 안 하겠다고 마음먹으면 회초리가 몇 개 부러져도 끝내 항복을 하지 않는 고집쟁이였다. 그런 탓에 무던히 회초리 세례를 받고 자랐다.

하루는 '아이스께끼'라고 하는 얼음 막대 장사가 마을에 들어왔다. 그때만 해도 도회지에 나가야 맛볼 수 있는 얼음물 장사가 시골에는 잘 오지 않는 때였다. 얼음물 막대라고 하는 것이 요즈음처럼 위생적이고 맛과 향이 다르고 모양도 다양한 것이 아니었다. 겨우 사카린 같은 단맛 나는 원료를 조금 넣고 붉은색 색소를 첨가하고 막대 하나 꽂아서 냉동고에 얼리면 그게 이른바 아이스바라는 것이었다. 그것을 하나 사 달라고 아무리 떼를 써도 안 사주는 어머니의 인색함이 섭섭하기만 했다.

얼음물 막대 장사가 마치고 곧 동네를 떠날 것 같은 초조함과, 그렇게 맛있는 아이스바를 영영 못 먹을 것 같은 불길한 예감이 들어 "돈 일 원만 주세요. 일 원만 주세요." 하고 계속해서 어머니를 졸랐다.

아무리 간청해도 어머니는 들은 척도 안 하셨다. 그래서 나는 아이스바를 기어코 먹겠다는 단순한 목적을 이루기 위해 큰 사건을 저지르고야 말았다. 어머니 몰래 집에 숨어 들어가 아버지가 나들이 갈 때만 꺼내 신으시는 검정색 구두 한 켤레를 가져다주고 얼음 막대 두 개와 용감하게 바꾸어 먹었다.

철없는 어린 시절에는 왜 그리도 말썽쟁이였는지 모르겠다. 아버지는 구두가 없어진 것도 모르고 어느 날 장에 나가려고 구두를 찾았는데 보이지 않았다. 나 역시 얼음 막대 사먹을 때의 달콤함은 기억되었지만 아버지 구두가 얼음 막대와 교환된 사실을 까마득히 잊고 있었다. 아무리 찾아도 구두가 있을 리 없었다.

없어진 구두의 행방은 사고뭉치 나 말고 또 누가 알겠는가. 어머니는 수사관과 같은 예리한 추리력으로 나를 추궁하셨다. 도둑이 제 발 저린다고 안 가지고 갔다고 시치미를 뚝 떼보지만 나의 새빨간 거짓말은 잔뜩 겁먹은 얼굴 표정에 이미 드러나고 말았다.

회초리를 들고 따라오는 어머니와 도망치는 나는 동네를 몇 바퀴 돌아도 끝나지 않았다. 해 저녁이 다 되어도 나는 집으로 돌아갈 수가 없었다. 집에 가면 무서운 어머니의 회초리가 기다리고 있을 것이고, 또 제딴에는 그동안 그렇게 자상하게 대해 주신 아버지를 뵐 면목도 없었다. 얼음 막대 장수가 원망스럽기도 하고 한편으로는 돈 일 원만 달라고 그렇게 애원했는데도 주지 않은 어머니가 더 야속했다.

밤이 되니 춥고 배가 고파서 견딜 수가 없었다. 이웃 마을에 있는 친구를 찾아가니 녀석은 내일 학교에 가지고 갈 숙제를 한답시고 앉은뱅이 책상에 앉아 무엇인가 열심히 노트 정리를 하고 있었다. 다된 저녁에 갑자기 나타난 나를 뚜한 얼굴로 쳐다보더니 별로 반갑지 않은 손님처럼 왠 일이냐고 물었다.

집에 못갈 사정이 있다고 둘러대고 하룻밤만 좀 재워 달라고 부탁했다. 녀석이 제 어머니에게 달려가 내 사정 이야기를 하는 것 같았다. 친구 어머니도 여간 눈치 빠른 분이 아니었다. '저 녀석 또 사고 쳤구먼. 그래 이번에는 무슨 잘못을 저질렀을까.' 하고 짐작하는 표정이었다. 엉뚱하고 한심하다는 투로 바라보시더니 찬밥 한 술을 차려 주셨다. 배가 고파서 찾아온 것까지 알고 인정을 쓰신 것이다.

그렇게 해서 한바탕 소동을 부린 나는 얼마 동안 자숙하는 척하며 지냈다. 하지만 역시 나는 어쩔 수 없는 골동표 사고뭉치였다. 어느 날 앞집에 사는 친구와 냇가에 나가서 목욕도 하고 누가 멀리 가나 헤엄도 치면서 재미나게 놀다가 서로 물을 튀기는 물장구치기 시합을 했다.

그런데 녀석이 돌을 잘못 밟아서 그만 미끄러지고 말았다. 하필이면 넘어지는 순간 뾰쪽한 바위에 머리를 부딪쳐서 머리가 찢어진 것이다. 어려운 시절의 시골 촌구석에 병의원이 있을 리가 없었다. 우선 급한 대로 입고 다니던 때 절은 런닝셔츠를 찢어서 동여매주고 녀석을 약국까지 데리고 가서 치료를 해주었다. 하지만 또 사고 한 건을 더 만들어낸 못 말리는 이 죄인은 어머니의 실망스러워하는 눈물을 지켜보아야만 했다.

어린 시절의 그 순수함 때문일까. 동심은 누구에게나 마음속 고향 같은 것이다. 어린 시절의 추억은 언제 회상해도 입가에 웃음이 번진다.

장터 풍경

오래 전 젊은 날에 충청도 영동의 조그만 암자에서 스승을 모시고 함께 지내던 시절이 있었다. 그 흔한 전기도 없어 밤이면 촛불에 의지해 떨어진 옷가지를 깁고 책을 보는, 옹색하기 그지없는 시골 마을 한 귀퉁이에 있는 작은 암자였다. 문화나 문명의 혜택이 전혀 미치지 않는 초라한 암자였지만 규모에 비해 대단히 유서 깊은 절이었다. 이씨 조선의 숭유억불 정책에 의해 유생들이 극성을 부리고 선비들이 득세를 하면서 무조건 불교를 믿는 사람들이나 스님들을 핍박하던 때 한국불교의 선맥을 이은 대 선지식 벽계 정심 선사께서 손수 농사를 지으면서 잠시 주석하였던 곳이기 때문이다.

  내가 살던 그 시절에는 절이 너무 가난해서 고시 준비를 하던 학

눈에 보기 좋은 것은 쉽게 부서지는 법이며, 귀에 듣기 좋은 말은 나에게 독이 될 수도 있다.

생들 다섯 명 정도가 머무는 하숙집 역할을 하여 생활하였다. 이른바 고시촌인 셈이다. 요즈음은 거의 없지만 그 시절만 해도 조용한 암자를 찾아서 고시 공부를 하려는 사람들이 꽤 있었다. 암자에 소용되는 생활필수품과 학생들이 필요로 하는 여러 가지 잡다한 물품, 즉 치약이나 비누·볼펜·노트 등을 조달하는 게 내 소임이었다. 편지를 부치거나 찾는 일도 빼놓을 수 없는 임무였다.

하지만 장날이 아니면 쉽게 구할 수 없는 것들이 대부분이어서 꼭 장날을 기다려야만 했다. 5일에 한 번씩 서는 황간 장날, 스승님 심부름과 학생들의 잔심부름으로 장터에 가기 위해 절 아랫마을 우매리까지 한참을 걸어 나오면 얼굴 아는 사람들과 만나게 된다. 암자 뒷산에 나무하러 오다가다 한 번씩 안면 있는 사람들과 서로 인사를 나눈다. 마을 사람들은 장날이 오면 마음이 들뜬다. 딴에는 한껏 멋을 부리고 장터에 나가는 사람들의 모습이 정겹다. 얼마나 오래 쓰고 다녔는지 때가 꼬질꼬질 절은 중절모자를 눌러쓰고 광목 두루마기 옷고름을 허리에 질끈 동여맨 김씨 아저씨의 순박한 모습은 더욱 정감이 간다.

농사일 하느라고 검게 타버린 얼굴을 감추려는 듯 분단장을 곱게 하고 나서는 아주머니의 선하게 웃는 얼굴과 노란 금니가 귀엽기만 하다. 장터를 찾는 사람들은 이것저것 필요한 농기구나 물건들도 구하고 또 도회지 나가서 공부하는 자식들의 학비나 용돈 마련을 위해 밭에서 농사지은 콩이며 팥, 수수, 감자, 보리 같은 것들을 소달구지에 잔뜩 싣고 나오기도 한다. 오직 자식들 뒷바라지를 위해 그 시절 그렇게 살아온 우리들의 어머니 아버지들의 소박한 삶이 결코 헛되지 않기를 바라는 마음에서 절로 고개가 숙여진다.

저만치 달구지를 끄는 소가 독점리 고갯길을 오른다. 콧바람을 헉헉 대며 입에 침을 흘리기 시작한다. 무척이나 힘에 겨운 모양이다. 그러면 또 마을 사람들은 합심하여 달구지를 뒤에서 영차영차 밀어주고 앞에서는 달구지 주인이 소의 코뚜레를 억지로 잡아끌어 당긴다. 겨우 고개를 오르면 내리막길에는 모두 수레에 올라탄다. 조금 전에 고개를 올라오면서 힘을 보태 밀어 올려준 값을 치루는 셈이다.

그렇게 터벅터벅 한 시간 정도 걸어서 장터에 나가면 벌써 장이 벅적이고 있다. 장터의 초입에 자리 잡은 국수집 막걸리 잔치는 거간꾼들의 흥정으로 이어진다. 장국밥집 문간에는 젖을 뗀지 얼마 되지 않은 강아지들이 사과 상자에 담겨서 낑낑거린다. 새로운 주인에게 팔려갈 차례를 기다리고 있는 것이다. 길가에서는 잘 말린 고추자루를 아낙네들이 서로 잡고 당기면서 판다 안 판다 신경전이 한창이다.

장터 뒷마당에는 대장간 풀무질과 망치 소리가 힘을 내기 시작한다. 난전 고무신 가게 아저씨의 목청 갈라진 장타령은 "나를 버리고 가시는 님은 십 리도 못 가서 발병이 나고 이십 리 못 가서 불한당 만나고 삼십 리 못 가서 되돌아온다네." 하며 더욱 흥을

돋운다.

엿장수 가위 소리가 장단까지 맞추며 어깨춤을 춘다. 고무줄과 좀약을 팔기 위해 목에다 잔뜩 걸고 나서는 영감님은 벌써 한 잔 취한 걸음걸이다. 코흘리개 아이들이 겁먹은 듯 귀를 막고 모여 앉은 공터에는 뻥튀기 기계가 연신 폭발음을 토하고 있다. 오래도록 목가적 정서로 내 기억에 남아 있는 그 옛날 추억의 장터 풍경은 너무나 아름답고 정겨운 삶의 이야기다.

이제는 재래식 장터가 하나 둘씩 사라지니 아쉽기만 하다. 거대 자본 시장의 지배 구조가 열악한 시골 장터까지 잠식하고 먹어 치우기 때문이다. 상거래의 기본인 유통 질서와 구매욕을 충족시키는 서비스나 판매 전략 같은 것이 있을 리 없는 시골 장터라 그 경쟁력을 이기기는 어렵다. 물건을 파는 목적보다는 그냥 정으로 나누고 흥정하다 덤으로 하나쯤 더 얹어 주는 인간 본래의 냄새가 배어 있는 장터가 그립다. 그런 장터가 점점 사라지니 꾸밈없이 순박하고 아름다운 한 폭의 그림을 도둑맞은 것처럼 허전하기만 하다.

장터를 되살릴 길은 없는 것일까. 세련되고 말쑥한 도회지 사람들에 비해 가난하고 못 생기고 못 배운 사람도 장터에만 나가면 멋있어 보이고 잘 나 보인다. 구별 없고 차별 없는 현장이 바로 장터다. 우리의 소박한 삶의 문화가 오롯이 배어 있는 이 장터를 살려내는 길은 없는 것일까.

황금거위 이야기

옛날 어느 마을에 가난하지만 아주 착한 농부가 살고 있었다. 이 농부는 이웃 동네에 살고 있는 예쁜 처녀와 결혼하여 행복하게 살았다. 그렇게 꿈같은 결혼 생활이 계속되고 거기에 아내를 닮은 딸도 하나 낳게 되었다. 농부는 사랑스런 아내와 딸을 위하여 즐거운 콧노래를 부르며 부지런히 쉬지 않고 일했다.

그런데 동네뿐만 아니라 이웃 마을까지 예쁜 마누라를 얻은 농부를 부러워하는 사람과 시샘하는 사람들이 생겼다. 가난하여 가진 것도 없고 배운 것도 없는 늙은 농부에게는 너무 과분한 아내를 맞이한 것이라고들 했다. 예쁜 마누라를 얻은 것이 화근이 될 줄이야 누군들 알았겠는가.

그러던 어느 날, 우물가에서 빨래하고 있는 농부의 아내를 음흉한 눈으로 바라보는 인물이 나타났다. 그는 바로 같은 동네에 사는 김 첨지라는 부잣집 영감이었다. 이 영감은 하루도 빠지지 않고 농부의 아내가 가는 곳마다 따라 다니며 수작을 부려 보기도 하고 협박을 하기도 했지만 농부의 아내는 들은 척도 하지 않았다.

그러면 그럴수록 철면피같은 김 첨지 영감의 끈질긴 유혹은 계속되었다. 드디어 김 첨지는 농부의 아내를 전 재산의 반을 주고 사겠다고 흥정을 하였다. 그러나 농부와 그의 아내는 그같은 제의를 한 마디로 거절해 버렸다. 갖은 수단과 방법을 다 동원해 보지만 허사였다. 더욱 애가 타는 김 첨지는 마지막 최후의 방법으로 동네의 왈자패 머슴들을 돈으로 매수하여 농부의 아내를 밤에 몰래 보쌈해 오라는 주문을 하였다.

아무런 영문도 모르는 농부의 아내는 갑자기 무지한 머슴들의 손에 잡혀 자루 속에 넣어져 김 첨지 앞으로 끌려왔다. 김 첨지는 그날 밤 농부의 아내를 자기 첩으로 삼고 말겠다는 흑심을 품고 그녀를 겁탈하려고 하였다. 순간 그녀는 믿음직하고 사람 좋기만 한 남편과 사랑하는 딸을 떠올리며 한없이 슬픈 눈물을 흘렸다. 몇 번을 살려달라고 애원해 보았지만 김 첨지의 야욕은 더욱 거칠어지기만 했다. 끝내 농부의 아내는 혀를 깨물어 그 자리에서 자결하고 말았다. 천인공노할 만행을 저지른 김 첨지는 그것도 모자라서 죽은 그녀를 산 속에 몰래 내다 버리고, 아내를 잃어 슬픔에 잠긴 농부를 마을에서 멀리 쫓아 버렸다.

   그 후 농부는 사랑하는 아내가 왜 죽었는지 어디로 갔는지 알지도 못한 채 어린 딸을 데리고 거지가 되어 떠돌아다녔다. 그러던 어느 날 어린 딸을 업고 자신의 박복한 신세를 한탄하며 터벅터벅 길을 걷고 있는데 길 옆 숲 속에서 사람 소리가 나는 것이었다. 그것도 꿈에도 잊지 못할 아내의 목소리였다.

   허겁지겁 풀숲을 헤치고 소리 나는 곳으로 가보니 그곳에는 순금으로 만든 깃털을 가진 거위 한 마리가 자기를 부르고 있는 것이었다. 황금색 거위를 보는 것만으로도 신기한데 그것도 자기 아내의 목소리로 거위가 말을 하는 것이 아닌가.

   거위는 눈물을 흘리며 자신은 하늘나라 선녀였으나 하늘에서 큰 잘못을 저질러 신의 미움을 받아 인간 세상에 태어났고 그러저러해서 죽었다며 그간의 경위를 설명했다. 그리고 당신과 딸을 돕기 위해 잠시 황금거위 몸을 받고 태어나게 되었다고 설명했다.

   농부는 거위로 변하긴 했지만 그렇게도 그리던 아내를 만난 기쁨과 반가운 마음에 딸과 거위를 가슴에 안고 오래도록 슬프게 울었다. 울음을 그치자 거위가 말하기를 "내일부터는 얻어먹으러 다니지 말고 제 몸에 나 있는 깃털을 하루에 하나씩 뽑아서 시장에 내다 팔면 부자가 될 것입니다."라고 하였다. 다만 두 가지 약속만은 꼭 지켜줄 것을 당부했다. 첫째는 자신의 존재를 누구에게도 말하지 말라는 것이었고, 두 번째는 절대로 깃털을 하루에 하나 이상은 뽑아서는 안 된다는 약속이었다.

그렇게 하여 착한 농부는 점차 부자가 되어 갔다. 그러나 욕심은 스스로를 태우는 불길과 같은 것이다. 농부 역시 자꾸만 돈이 많아지고 부자가 되면 될수록 쓰임새도 커지고 더 큰 것, 더 많은 것을 가지기 위해 현재에 만족할 수 없게 되었다. 어떻게 하면 더 큰 부자가 될까 고민을 거듭하던 농부는 황금거위인 자기 아내와 철석같이 지키겠다고 약속했던 두 번째 약속을 어기고 말았다.

지나친 욕심은 사람의 양심의 눈을 멀게 하는 것이라고 황금거위가 간절하게 타이른 말도 듣지 않고 거위 몸에 돋아난 황금색 깃털을 하나하나 몽땅 뽑아 버린 것이다.

아차! 하고 후회해도 이미 때는 늦어버린 것이다. 그렇게 눈부신 황금색 깃털이 갑자기 흰털로 변해 버린 것이다. 뿐만 아니라 생털을 몽땅 뽑힌 아내 거위는 고통을 못 이겨 죽어 버렸다. 문 밖에는 가짜 황금 깃털을 팔고 다닌 사기꾼을 잡으라고 소리 지르는 군중들이 몰려 와 있었다.

어리석은 농부는 멀리 있지 않다. 우리는 우리 곁에 늘 존재하고 있는 고마운 황금거위를 망각할 때가 많다. 그 황금거위는 바로 사랑하는 가족이 아닐까. 그들이 하루하루 황금 깃털과 다르지 않는 봉사의 깃털과 사랑의 깃털을 매일 하나씩 특별히 서비스하고 있음에도 불구하고 만족스럽지 못한 표정들을 보인다면 어리석은 농부와 무엇이 다르겠는가.

호박 예찬

 가을 초입에 들어서면 코스모스 길을 따라 고추잠자리네 가족 나들이가 한가롭다. 이쪽에서 저쪽으로 저희들끼리 술래잡기 놀이에 빠져서 해질녘까지도 웃음소리가 그치지 않는다. 역시 가을은 풍성하고 넉넉한 계절이다. 여름 날 그렇게 야무지고 딱딱하던 파란 열매들이 하나같이 홍조를 띠고 있다. 마치 가난한 가을 길손을 유혹이나 하듯이 먹음직스럽게 익어간다.
 누구에게도 내줄 수 없을 것 같이 날카롭기만 하던 밤송이는 품었던 욕심만큼 커져버린 알맹이의 무게를 이기지 못하고 가슴을 쩍 벌리고 만다. 버려야 하는 인연임을 알았던지 알알이 탐스러운 알맹이들을 하나씩 하나씩 툭툭 땅으로 떨구어낸다. 아마도 모두 털어낸 텅 빈 가슴이 욕심껏 품고 있는 것보다 더 행복하다는 것을 이제야 깨달았나 보다. 가을 풍경화에 어울리는 것 중에는 초가집 담장에 볼록한 배를 여봐란 듯이 내놓고 있는 황금색 늙은 호박을 빼 놓을 수가 없다.

호박은 보통 5월에서부터 10월까지 꽃을 피우는데, 꽃이 질 때쯤에는 밑둥에 어린 열매를 맺는다. 이렇게 작은 열매를 애호박이라 하고 조금 더 큰 것은 청둥호박이라 한다. 마지막까지 꼭지가 떨어지지 않고 자라서 색깔이 노랗게 황금색으로 변하면 이것을 늙은 호박이라고 한다.

옛날에는 밭두렁이나 담장 밑에 구덩이를 크게 파고 씨를 심었지만 요즈음은 하우스에서 인공으로 재배하는 다양한 크기와 모양을 가진 호박들이 시중에 나오고 있다. 한편에서는 중국산 농약 덩어리 싸구려 호박도 수입되어 들어오고 있다. 호박의 본래 원산지는 동인도 지방이라고 하지만 이제는 어엿한 우리 고유의 식물로 자리잡고 있다.

작가 이외수 씨는 호박꽃을 "한여름 낮잠 드신 부처님 머리맡에 환하게 켜져 있는 황금등불"이라고 표현하기도 했다. 참 멋있는 표현이다. 하지만 대부분의 사람들은 가장 못 생기고 별 볼일 없이 뚱뚱한 여자들을 빗대어 호박꽃이라고 한다. 호각이 들으면 섭섭하기 그지없는 말이다. 그러나 호박과 같이 넉넉하고 둥근 심성을 가진 사람들이 많았으면 좋겠다. 못난 것을 호박에 비유하는 것은 호박의 참 가치를 모르는 사람들의 소치이다.

　우선 호박꽃을 좋아하는 벌꿀들의 움직임을 보면 알 수 있다. 호박꽃에서 채취된 벌꿀이 최상등품이라는 것을 아는 사람은 다 안다. 어디 그뿐인가. 호박잎을 따다가 밥솥에 살짝 쪄서 여름날 된장찌개와 함께 먹는 호박 쌈맛은 쌈 중에서도 제일 맛있는 쌈이다. 황금색을 띤 늙은 호박은 통째로 약용식이 되기도 한다. 또한 호박으로 만들 수 있는 먹거리는 한정이 없다. 얼른 생각나는 것만 해도 호박 부침개, 호박국, 호박죽, 호박엿, 호박 국수 등이 있다. 또 호박씨를 후라이팬에 넣고 얕은 불에 구워서 껍질을 까 먹으면 치매에 좋다는 민간요법도 있다.

　호박이 사람들에게 전하는 메시지는 또 얼마나 많은가. 호박을 함부로 우습게보지 말아야 할 이유는 얼마든지 있다. 호박처럼 둥글둥글 모나지 않고 까탈스럽지 않게 사는 사람은 원만한 성격의 소유자일 것이다. 게다가 호박잎처럼 한정 없이 넓은 마음으로 누구나 포용할 줄 아는 사람은 자비로운 사람일 것이다.

　호박은 가장 더러운 토양에서 자양분을 얻어먹고 성장한다. 그러나 마침내 사람들의 병을 고치는 약용 식품이 되어 귀하신 몸으로 거듭 태어난다. 이러한 것들이 호박을 예찬하지 않을 수 없는 이유다.

　시골 어디에나 가면 흔하게 볼 수 있고 값싸게 살 수 있는 것이 호박이다. 호박은 내세울 만한 것도 없지만 겸손한 이름으로 묵묵히 살아갈 뿐이다. 호박은 그렇게도 무시하고 얕보는 인간들에게 줄 수 있는 것은 모두 다 준다. 심지어 알맹이까지도 남기지 않고 주면서, 자비로운 선정善情을 베푸는 호박에게서 우리는 배울 게 많다. 너나 할 것 없이 호박만 같았으면 좋겠다.

코흘리개 스님

옛날에 아주 유명한 도인 스님이 있었다. 스님의 법호는 나찬 화상이다. 나찬 스님은 군것질을 아주 잘하는 어린아이처럼 천진난만한 스님이었다. 너무나 훌륭한 스님이라는 소문이 온 나라 안에 퍼져 그 같은 소문이 국왕의 귀에까지 들어가게 되었다.

어느 날 국왕은 설법을 들어야겠다고 생각하여 사신을 보내 큰스님을 모셔 오도록 명령을 하였다. 국왕의 심부름을 온 사신은 저 만치서 나찬 큰스님의 형색을 지켜보았다. 그때 스님은 소똥 말똥들을 가득 주워다가 불을 피워놓고 무엇인가 구워서 맛있게 먹고 있었다. 콧물을 대롱거리다 훌쩍 들이마시기도 하면서 입가에는 구워먹은 감자 껍질의 그을음이 묻어서 마치 세살배기 아이가 쭈

그리고 앉아 무엇인가를 허겁지겁 먹는 모양과 흡사했다. 입은 옷은 오랫동안 세탁을 하지 않아 고약한 냄새가 났고 다 찢어지고 해진 곳을 바늘로 꿰매지도 않아 마치 다리 밑의 거지꼴 모양이었다.

사신은 이와 같은 광경을 지켜보면서 기가 막혔다. 저 따위 거렁뱅이를 무엇에 쓰려고 데리고 오라는지 알 수가 없었다. 사신은 속으로는 마뜩치 않았지만 국왕의 심부름을 온 처지라 나찬 스님께 다가가서 "우리 국왕께서 스님을 모시고 오라 합니다. 어서 가시죠." 하고 말했다. 스님은 아무런 대꾸도 하지 않은 채, 아무도 없는 곳에 당신 혼자 있는 것처럼 감자 구워 먹는 일에만 열중하고 있었다.

그러자 사신은 스님의 귀가 어두운 것이 아닐까 생각하고 다시 더 가까이 가서 귀에다 대고 큰소리로 "당신을 왕궁까지 모시고 가야겠습니다." 하고 말하자 큰스님은 "데끼놈아, 귀청 떨어지겠다." 하고 소리쳤다. 그 말뿐이었다. 또 쇠똥을 한두 개 더 불 위에 얹어 놓고 감자를 굽기 시작했다.

조금 전 사신이 하는 말은 자신과 아무런 상관이 없는 일인 듯 행동했다. 사신은 은근히 무시당하는 것 같아 약이 올랐다. 사신은 그대로 돌아가서 국왕에게 거지꼴을 한 반 미친 광이 영감을 뭣하러 모시고 오라는지 알 수 없다는 투로 다녀온 사실을 고했다.

그러자 국왕은 어떤 스님일까 하고 궁금증이 더했다. 도대체 정중하게 대해 주는 것은 그만 두고라도 국왕이 보낸 사신을 그렇게 문전박대를 하다니 이해할 수 없는 노릇이었다. 국왕은 다시 사신을 보냈다. 역시 두 번째 사신도 나찬 스님을 왕궁으로 모시지 못하고 그냥 돌아갔다. 세 번째는 벼슬이 좀 더 높은 정승 정도 격이 있는 사신과 군사들과 함께 보냈다.

이번에는 마지막으로 거절하면 목을 치라는 엄명까지 받고 나찬 스님을 찾아갔다. 그런데 역시 예전처럼 쇠똥 말똥들을 어디서 주워 모았는지 잔뜩 모아놓고 불을 피워 토란을 구워먹고 있었다. 나찬 큰스님의 콧물은 이번에도 여전히 대롱대롱 훌쩍훌쩍거렸고 입가는 검정 칠을 한 것 같이 까만 데다가 얼굴은 땟국물이 졸졸 흘렀다.

사신 일행은 어린애같은 몰골을 한 고집쟁이 스님을 어떻게 해야 하나 한참을 생각하다가 좀 골려주고 싶었다. 그래서 한 사신이 나찬 스님에게 다가가서 "스님 스님, 콧물이나 좀 닦으시지요." 하고 말했다. 그러자 나찬 스님이 휙 뒤를 돌아보며 "바보같은 놈아, 내가 너를 위해 콧물을 닦으랴." 하고 말했다. 그 말을 듣고 그들은 한 마디도 더 보태지 못하고 그냥 돌아갔다고 한다.

이 얼마나 통쾌한 말인가. 너희 따위의 속물 같은 벼슬아치들이 무엇을 안다고 내 앞에 서서 우쭐해 하고 우월적 지위를 이용해 함부로 사람을 오라가라 하느냐는 일갈이다.

아무리 되뇌어도 싫지 않은 말이다. '바보같은 놈아, 내가 너를 위해 콧물을 닦으랴. 바보같은 놈들아, 너희 권력을 가진 자들이 마음대로 휘두를 수 있는 상대로 보이느냐.' 하는 의미가 담긴 스님의 말이 정말 후련하게 들린다. 큰스님의 일갈에 사족을 다는 것 같지만 오늘의 우리는 나찬 스님의 지혜로운 말씀에서 그분이 지적하신 핵심을 바로 보아야 한다. 누구나 상대를 만나면 그가 자기 생각과 같은 생각을 해 주었으면, 또 자신의 취향과 비슷했으면 하는 은근한 바람이 있다.

그것뿐이면 더 무슨 말이 필요 하겠는가. 어떤 사람은 옷 입는 것 표정 하나 걸음걸이 행동들까지도 자기의 고정된 관념으로 평가한다. 상대방이 자기가 그리고 있는 모습과 반대가 된다고 생각하면 그 사람의 겉모양만 보고 그를 평가하는 오류를 범한다. 그 사람의 내면에 자리하고 있는 정신세계나 또 훌륭한 장점이나 좋은 점은 보려고도 하지 않은 채 위험한 혹평을 서슴치 않는다.

몇 년 전 서울에서 경험한 일이다. 시골에서는 구할 수 없는 몇 가지 필요한 물건들을 사기 위해 어느 가게에 들렀다. 그런데 그 가게 주인이 대뜸 손사래를 치면서 하는 말이 "우리는 예수 믿어요. 시주 안 합니다. 다른 데로 가 보세요." 하는 것이었다. 내 차림새가 거지같아 보였는지 손님으로 봐 주지 않았다. 아마도 그 사람이 보기에는 자기 가게에 무엇을 얻으러 온 거렁뱅이 스님쯤으로 보였던 모양이다.

그래서 나도 슬며시 장단을 맞추었다. "예수님을 믿는 분이라면 종교와 관계없이 가난한 사람을 더욱 사랑하고 도와 주셔야지요."

라고 했다. 그러자 집주인은 재수 없다는 표정을 감추지 않은 채 짜증 섞인 목소리로 "글쎄 줄 게 없다는데 이 사람이 왜 이러는 거야." 하고 말하는 것이 아닌가. 눈을 부라리는 그 사람에게 잘못하면 봉변이라도 당할까봐 도망치듯 그곳을 빠져 나왔다. 돌아오는 길에 나 혼자 웃음이 나는 것을 참을 수 없었다.

 비단 이런 일만이 아니라도 우리는 겉모습으로 사람을 판단하거나 선입견을 갖고 대하는 경우가 많다. '돼지 눈에는 돼지만 보이고 부처 눈에는 부처만 보인다'고 하지 않는가. 자신이 돼지인지 부처인지는 스스로 판단할 일이다.

항상 즐거움만 좇는 사람은 자신이 진리로부터 멀어진 사람이라는 것을 자각하지 못한다.

나를 건드리지 말아요

7월 햇살은 곡식들의 알갱이에 뜨거운 입김을 사정없이 불어 넣는다. 다가오는 가을에 튼실하고 풍성한 수확을 선물하기 위한 자연의 마지막 정성이리라. 이맘때면 아이들의 손톱을 붉게 물들이는 봉선화가 인기가 있다. 백반을 조금 섞어서 봉선화 꽃잎을 따다가 돌에다 살짝 찧으면 뭉개진 봉선화 꽃물이 손톱에 배어 들어가 요즈음 젊은 여자들이 즐겨하는 메니큐어 역할을 하는 것이다.

꽃물이 배어 나오지 않도록 봉선화 잎을 잘라서 손톱 위에 올려놓고 봉선화 꽃과 함께 가는 실로 몇 번 싸매어 하룻밤만 자고 나면 꽃물이 곱게 들게 된다. 더러는 비닐 같은 것으로 덮어서 싸매기도 한다. 그러면 예쁜 꽃물이 손톱마다 붉게 물든다.

봉선화를 생각하면 처량하게도 조국을 잃어버린 암울한 시대에 불렀던 동요가 생각난다. 동심으로 돌아가서 나이 어린 손주 아이와 함께 따라 부를 수 있는 봉선화 노래는 조국을 잃은 백성의 초라한 모습이 나타난 자조 섞인 한탄조의 노래였던 것으로 기억하고 있다.

그렇게 오래도록 우리들 가슴으로 불려진 노래의 주인공 봉선화는 꽃말조차도 '나를 건드리지 말아요'라는 뜻을 담고 있다. 꽃의 전설을 보자.

아주 오랜 옛날 어떤 나라에 아름다운 처녀가 살고 있었다. 이 처녀에게는 서로 사랑하며 장래를 약속한 남자 친구가 있었다. 하루는 친척뻘 되는 오빠가 찾아 와서 재미나게 웃고 떠들며 이야기를 나누고 있었다. 그런데 먼발치에서 이 광경을 목격한 남자 친구는 질투에 눈이 멀어 어떤 일인지 알아보지도 않고 크게 실망하여 그녀를 저주하면서 떠나가 버렸다.

얼마 지나지 않아 그 처녀는 자기가 사랑했던 남자가 다른 여자와 결혼했다는 소식을 들었다. 옹졸한 남자 친구와 어이없는 오해로 인해 헤어지게 된 것이 너무나 억울한 생각이 들었다. 또한 처녀는 사랑하는 사람을 그렇게 떠나보내게 된 사실이 마음 아팠다. 그래서 처녀는 자신이 그렇지 않음을 주장하기 위해 많은 사람들을 붙들고 그간의 경위를 해명하였다. 하지만 누구도 믿으려 하지 않았다. 오히려 정숙하지 못한 여인이라고 더 나쁜 소문을 퍼뜨렸다.

그 처녀는 자신의 결백을 주장하다가 끝내 바다에 나가 빠져 죽었다. 그 후 꽃이 되어 피어났는데 그 꽃이 바로 봉선화이다. 봉선화가 되어서도 떠나가 버린 사랑을 그리워하며 자신의 사랑을 빼앗아가 버린 아가씨들 손톱을 빨갛게 물들게 했다. 무섭게 생긴 빨간 손톱을 보고 남자들이 멀어질 것이라고 생각했던 것이다. 또 봉선화 꽃물을 들이면 남자가 더 이상 접근하지 못하도록 하는 주술을 걸었지만 반대로 남자들은 더 예쁘다고 하는 것이었다. 봉선화가 처음 계획했던 의도가 틀어져 버린 것이다. 그래서 이번에는 그 같은 분통함을 참지 못해 누구라도 봉선화를 건드리면 하얀 씨 주머니를 터뜨려 결백함을 주장했다고 한다.

사람은 누구나 억울한 일을 당하면 밤잠을 이루지 못할 정도의 분함이 생기는 법이다. 더구나 전혀 그러한 사실이 없음에도 불구하고 누군가 특정인을 음해하고자 하는 불순한 목적을 가지고 루머를 퍼뜨린다면 얼마나 억울할 것인가. 그 같은 사실 무근의 근거 없는 낭설을 퍼뜨려 놓고도 책임지지 않으려는 몰염치한 무리들을 징계하기 위해 형법은 명예 훼손에 관한 법률을 엄격히 정하고 있는 것이다. 그러나 신문이나 방송 등 언론 매체를 통해 자칫 잘못 알려진 명예 훼손 등은 단순한 범법행위의 차원을 넘어 상대방의 인생을 망치기도 한다.

가령 어느 언론 매체에서 특정 음식을 지칭하여 건강을 해치는 나쁜 음식이라고 말해 버리면 그것으로 그 음식은 치명적인 손상

처음부터 사랑하고 끝까지 사랑하라. 오직 사랑만을 사랑하면 완전한 사랑을
느끼게 될 것이다.

을 입는다. 방송이나 신문을 통해 좋지 않은 인상으로 알려진 다음에는 그곳에 종사하는 수많은 근로자 가족과 업체는 하루아침에 쫄딱 망해 버리고 만다. 나중에 확인해 보니 아니더라고 해명해도 사태 수습이 불가능한 내리막길로 가 버리는 것이다.

얼마 전 뉴스에 나온 중국의 어떤 기자의 한탕주의식 보도 형태가 이를 잘 말해주고 있다. 만두 속에 들어가는 고기 대용 종이 상자 사건을 한 번 보자. 아무려면 인간이 먹는 만두 속에다 종이 상자를 고기라고 속여 썰어 넣었겠는가. 결과는 조작 사건으로 판명났지만 소비자들은 이제 만두는 믿고 사먹을 게 못 되는 음식이라고 생각할 것이 아닌가.

우리나라 언론들도 혹여 실수하여 잘못 나간 보도들은 정정 보도나 반론 보도 또는 언론 중재위원회에 제소하는 것이 전부다.

만약에 극단적인 경우 너무 억울해서 봉선화 같은 자살자가 나오기라도 한다면 사람이 죽은 뒤에 반론 보도가 무슨 의미가 있으며 정정 보도가 무슨 소용이 있겠는가. 사실 확인도 안 된 정보를 여과 없이 흘려보낸다면 그것은 무서운 흉기가 될 수도 있다는 것을 모르지는 않을 것이다. 사람의 목숨을 죽이기도 하고 살리기도 하는 막강한 언론 권력의 힘 앞에 현대의 소시민들은 무기력하기만 하다.

석류나무 이야기

히말라야 산기슭에 아주 마음씨가 고약한 마귀할멈이 살고 있었다. 이 마귀할멈의 식생활은 어린아이들을 잡아먹는 것이었다. 동네마다 다니면서 닥치는 대로 아이들을 잡아먹는 할멈의 악행은 날로 심해지고, 어린아이가 있는 집이나 혹 없는 집이라 해도 마을 사람들에게는 공포의 대상이었다. 하루는 부처님께서 이 마귀할멈의 고약한 버릇을 고쳐 주고자 그녀를 찾아갔다.

처음에는 만나주지도 않고 문 앞에서 쫓겨났다. 그 다음 며칠이 지난 뒤 또 찾아갔다. 마귀할멈은 "왜 이렇게 구찮게 하는 거냐."며 짜증을 내면서도 어쩔 수 없이 부처님을 자기 방으로 안내했다. 부처님께서는 그녀를 앉혀놓고 차분하게 인과 법문을 설하셨다.

부처님께서는 "여자여, 땅에 씨앗을 심으면 싹이 나겠는가 아니 나겠는가. 또한 그 싹이 자라서 꽃이 피고 열매를 맺겠는가 아니 맺겠는가?" 하고 질문하셨다.

그러자 마귀할멈은 "그야 씨를 심을 때는 싹이 나기를 바라고 심는 것이지요." 하고 대답했다. 부처님께서 다시 말씀하시기를 "그렇다면 어린아이를 그대에게 빼앗기고 슬퍼하는 부모들에게 고통의 씨앗을 심는 까닭이 무엇이냐?" 하고 물었다. 마귀할멈은 한참을 골똘히 생각하다가 못마땅한 듯이 "그런 것은 난 모릅니다. 나는 다만 검붉은 피맛을 보지 않으면 안 되는 팔자입니다. 어쩔 수 없는 일이지요." 하고 대답하였다.

부처님께서는 알아 듣기 쉽게 이야기를 하고 장시간 그녀를 위해 인과법을 들어 설득하였지만 끝내 마음이 바뀌지 않았다. 그런데 이 마귀할멈에게도 사랑스럽고 귀여운 딸이 셋이 있었다. 그래서 부처님께서는 신통력을 발휘하여 마귀할멈이 가장 아끼는 셋째 딸을 살짝 감추어 버렸다. 몇 날을 기다려도 셋째 딸의 행방을 알 수도 없고 찾을 수도 없게 된 마귀할멈은 부처님을 찾아가 "거룩하신 이여, 나의 사랑스러운 셋째 딸아이가 집을 나가서 벌써 한 달째 소식이 없습니다. 당신의 신통력으로 제 딸아이를 좀 찾아주세요." 하고 울면서 하소연하였다.

그러자 부처님께서는 빙그레 미소 지으시며 "여자여, 그대는 딸도 많은데 그까짓 딸 하나 없어진 것을 가지고 뭘 그리 마음 아파하느냐."하고 말씀하셨다. 마귀할멈은 부처님을 매우 원망하듯이 붉게 충혈된 눈으로 쏘아 보면서 "거룩하신 이여, 딸아이를 잃고 가슴이 찢어질듯이 아프고 슬픈 어미에게 위로는 못할지언정 어찌 그리도 무자비한 말씀을 하실 수 있으십니까."하고 말했다.

그러자 부처님께서 다시 말씀하시기를 "그렇다면 그대가 딸을 잃고 슬퍼하는 마음과 그대에게 어린 자식을 빼앗기고 슬퍼하는 어머니들의 마음이 어떻게 다른지 설명해 보라. 그리하면 내가 그대의 딸을 찾아 주겠노라."하고 말씀하셨다. 그저서야 마귀할멈은 자신이 그동안 저질렀던 아이 잡아 먹는 행동이 얼마나 큰 죄악이었는지를 깨달았다.

마귀할멈은 자기의 잘못을 인정하고 참회의 눈물을 흘리며 부처님께 용서를 빌었다. 그러자 부처님께서는 전생의 업으로 인하여 붉은 피를 먹어야 살아갈 수 있는 마귀할멈을 불쌍하게 여기시고 그에게 셋째 딸을 돌려주고 붉은 피와 똑 같은 열매가 열리는 석류나무를 선물로 주었다고 한다.

나이가 좀 지긋한 어른들이 자주 쓰는 말 중어서 "남을 가슴 아프게 하고 눈물 나게 하면 제 눈에서는 피눈물 나는 날이 있을 것이다."라는 저주 섞인 끔찍한 속담이 있다. 몇 마디 안 되는 간단한 말이지만 이 속담이 가지는 의미도 인과법을 알아야 한다는 뜻일 것이다. 그렇지만 요즈음 사람들이 누가 인과응보를 두려워하겠는가. 씨알머리도 안 먹히는 이야기다. 당장 눈앞에서 벌어지는 손익 계산이 우선되는 세상이다.

그렇지만 나 혼자만 좋으면 그만인 세상은 없다. 더불어 다 같이 좋지 않으면서 나 혼자만 좋은 것은 생명력이 짧고 그리 오래가지 않는 법이다. 산과 들에 핀 꽃들을 보라. 아무리 예쁘고 아름다운 꽃도 나 혼자 즐기기 위해 꺾어다 화병에 꽂아 놓으면 하루가 지나지 않아서 시들어버린다. 그렇지만 여러 사람이 즐겨 볼 수 있었던 본래 그 자리에 두고 보면 몇 배는 더 싱싱하고 오래도록 살아 있지 않은가. 양심을 곱게 쓰면 이익은 저절로 굴러올 것이다.

지극한 마음은 바위도 뚫는다

옛날에 어떤 장수가 고향 집 노모님이 돌아가셨다는 긴급한 전갈을 받았다. 연락을 받은 즉시 말을 몰아 길을 나섰다. 고향집을 향해 달려가는 길목에 호랑이가 자주 출몰한다는 험준한 고갯길을 넘어 가게 되었다. 조금은 망설여지기도 했지만 그래도 그 고갯길만 넘으면 바로 고향집이기 때문에 그 밤을 그곳에서 보낼 수는 없었다. 고갯마루 주막집에서는 사람들이 모여 앉아 날이 밝으면 함께 떠나자며 한사코 만류하였지만 장수는 큰소리 치고 고갯길을 넘기 시작했다.

칠흑같이 어두운 밤에 말을 타고 넘는 험준한 고갯길은 생각보다 공포스럽고 두려운 곳이었다. 장수는 사람들이 만류할 때 주막에 머물다가 아침에 나설 것을 괜스레 고집을 피웠구나 하면서 후회를 했지만 이미 때는 늦은 순간이었다. 그와 같은 생각을 하면서 한참 고갯길 중간을 넘어가고 있는데 저만치서 집채만한 호랑이 한 마리가 어둠을 가르며 자기 앞으로 달려오고 있었다.

장수는 무섭고 두려운 마음을 진정시킬 수가 없었다. 그러면서도 속으로는 '사나이가 이 정도 위험은 극복해야 사나이라고 할 수 있지. 어디 한번 덤벼 보거라. 너를 쓰러트리지 않으면 내가 죽는다. 죽을 각오로 있는 힘을 다해서 한번 싸워보자.'고 생각하며 마음을 굳게 다지고 자기 정신세계에 자신감을 불어 넣었다. 그리고는 평소 가지고 다녔던 화살을 꺼내서 앞으로 달려오는 호랑이의 눈을 겨냥해 혼신을 다해 한 발을 쏘았다.

그러자 호랑이는 눈에 화살을 맞고 그 자리에서 푹 쓰러지는 것이었다. 장수는 '이제는 살았구나.' 하는 안도의 마음이 들었다. 그 순간 등에서 식은땀이 흐르는 것을 느꼈다. 그 길로 뒤도 돌아보지 않고 고향집을 향해 계속 달리기 시작했다.

다음날 아침 장수는 어제 고갯길에서 호랑이와 한 판 싸움을 벌이고 호랑이 눈에다가 화살을 쏘아서 죽였다는 무용담을 자랑하면서 마을 사람들과 함께 현장으로 달려갔다. 호랑이의 죽음을 확인하려 하였던 것이다. 고갯길에 도착한 장수와 마을 사람들은 아무리 고갯길과 주변 산속을 이리저리 찾아보아도 죽은 호랑이의 시체를 찾을 수가 없었다.

그러자 장수는 아마도 호랑이가 화살을 맞고 도망간 것이라고 생각하였다. 그런데 저쪽 숲에서 한 사람이 큰소리로 마을 사람들을 불렀다. 소리 나는 쪽으로 사람들이 우르르 몰려갔다. 그곳에는 호랑이 형상과 비슷하게 생긴 바위가 있었는데, 그 바위의 앞머리 쪽에 화살이 깊숙이 박혀 있었다.

정말 기이한 현상이었다. 단단한 강철로도 뚫을 수 없는 바위를 한갓 나무 화살로 뚫는다는 것은 상식적으로 설명이 불가능한 일이었다. 아마도 화살을 쏘는 순간 장수의 마음이 티끌 하나도 용납될 수 없는 정신 집중의 최 꼭지점에 있었기 때문에 가능한 일이었을 것이다. '정신일도하사불성精神一到何事不成'이라는 말이 틀린 게 아니다.

나 또한 이 같이 절박한 심정으로 100일 기도를 경험한 적이 있다. 충청도 반야사 대웅전 불사를 이루고자 고집스럽게 도전해 보았던 기도의 추억이다. 누구나 수행자라면 참선을 하거나 염불을 하거나 부처님 경전을 보는 것이 다반사의 일상생활일 터인데 그게 무슨 큰 자랑거리라고 너스레를 떠느냐고 할 수도 있다. 그러나 그때 반야사의 열악한 재정을 알고 나면 어느 정도 이해가 갈 것이다. 지금도 산간 오지 마을에 자리 잡은 사찰들의 재정은 비슷할 것이다.

20년 전 당시 반야사는 전화는커녕 전기도 없었다. 사찰의 재정을 지원해 주는 신도들이라고는 고작 1년에 한두 번 30명 내외가 전부였다. 겨우 농사나 짓고 밭이나 가꾸며 땔나무를 해다가 밥 끓여 먹는 정도였다. 당장 삼십 만 원도 융통이 불가능한 사찰에서 삼억 이상 소요된다는 대웅전을 건립하고자 무모하기 그지없는 신심을 내었던 것이다. 열 사람도 들어갈 수 없는 아주 좁은 대웅전에서 불사를 일으키겠다고 기도를 시작한 것이다. 대웅전 문을 걸어 잠그고 100일 동안 죽어 나가는 한이 있어도 이곳을 나가지 않고 기도를 꼭 성취하고 말겠다는 원을 세웠다. 그리고 관음기도를 하기 시작했다. 그해 겨울은 유난히 눈도 많이 오고 추웠다.

　나의 기도 방식은 단순했다. 잠이 오면 그 자리에 앉아서 자고 다시 깨어나면 목탁을 들고 관세음보살만 불렀다. 기도 중간쯤 들어서서는 나 자신이 자신에게 눈을 뜨기가 무서울 정도였다. 눈을 뜨면 바로 정근해야 하니까 눈 감으면 잠든 것이고 눈 뜨면 기도하는 100일 동안 마치 누구와 대결이라도 벌이는 것 같은 치열한 기도에 몰입했다.

　그렇게 기도가 끝난 뒤에 약간의 부채를 얻어서 대웅전 공사를 시작했다. 그러나 대웅전 상량식이 끝나도록 부채를 갚을 수 있는 희망이 보이지 않았다. 대웅전 상량식 이후에 다시 공사를 재개하기에는 몇 년의 시간이 더 경과될지 예측 불가능한 상태였다. 그래서 세워 놓은 기둥과 목재들이 썩지 않도록 비닐 천막을 씌우고 공사를 중단하고 말았다.

　처음 나를 만류하던 사람들의 눈총이 두려웠다. "무식한 녀석,

하지 말라고 할 때 말을 듣지." 하는 소리가 여기저기서 들리는 듯했다. 그래서 더욱 가슴이 아팠고, 나의 간절한 기도를 외면한 관세음보살을 무척이나 원망하였다. 너무나 후회스러운 행동이었다고 자책하면서 혼자서 한없이 울었다.

그렇게 얼마쯤 시간이 흐른 뒤 어느 날 반야사 입구를 돌아 들어오는 고급 승용차 한 대가 있었다. 이런 시골 구석 절에 들어오는 승용차치고는 상당히 고급스러운 차라는 생각을 하면서 그냥 지나가는 참배객 정도로 여기고 밭일을 하느라고 관심을 두지 않았다.

차에서 내린 노신사가 비서인 듯한 젊은 사람을 데리고 반야사 이곳저곳을 둘러보는 것 같았다. 그리고 천천히 내게로 다가와서 주지 스님을 만나고자 왔다고 하였다. 때가 꼬질꼬질하게 낀 작업복 차림의 내 형색은 그가 보기에도 주지 스님처럼 보이지 않았던 것이다. "혹시 주지 스님은 출타하고 안 계시냐."고 묻는 것이었다. 내가 주지라고 말하는 순간 노신사는 '주지 스님이 뭐 저렇게 거지같을까.' 하는 눈치였다.

일하던 손을 멈추고 손님을 방으로 안내하고 차를 한 잔 권했다. 자기는 이 고장 출신이며 서울에서 사업을 하는 사람이라고 했다. 명함을 한 장 주면서 간단한 자기 소개를 하였다.

그분은 이름만 대면 알만한 서울에서도 손꼽히는 건설회사 회장이었다. 사찰 재정이 어려워서 대웅전을 짓다가 중단했다는 안타까운 소식을 듣고 도와 드리기 위해 이렇게 왔다고 하면서 내일부터라도 다시 공사를 시작하자고 했다. 모든 공사비는 자기가 부담할 것이라면서 아무런 염려하지 말고 중단된 불사를 하라는 것이었다. 그분의 도움으로 무사히 불사를 회향할 수 있었다.

그때 큰 마음을 내 주신 박 회장님은 지금 어떻게 지내시는지 안부가 궁금하다. 참 좋은 인연이었다. 아무리 돈이 많아도 부처님 대웅전을 짓는데 단독으로 수억을 희사하기란 쉽지가 않다. 지금도 그분을 생각하면 대단한 불심을 가진 불자라고 생각한다. 너무나 감사하고 고마운 시주자였기에 반야사 대웅전이 건립된 직후 그분의 공덕비를 세워 드렸다.

그 일을 통해 나는 보았고 경험했다. 지극한 마음으로 관세음보살님께 100일 기도를 하여 오늘날과 같은 반야사를 이루게 되면서……

지금은 비록 멀리 떠나와 있지만 언제나 마음의 고향처럼 늘 그립기만 한 곳이 바로 반야사다.

우리는 간혹 무엇이 부족해서 할 수 없다고 말하곤 한다. 그렇지만 지극한 마음만 있다면 못해 낼 일이 어디 있겠는가. 지극한 마음은 온 정성을 기울이게 만드는 힘이 생기게 한다. 그래서 정성은 하늘도 울린다고 하지 않는가.

4부 아름다운 회향

꽃보다 아름다운 이유

　누구나 한 번쯤은 다른 사람보다 좋은 조건과 환경에서 살아 보았으면 하는 바람을 가진다. 그런데 마음에 흡족함을 누릴 수 있는 환경과 조건은 사람마다 기준이 다르다. 예를 들어 기아에 허덕이며 날마다 배고픈 경험으로 지친 사람들이라면 단순하게 먹을 것이 넉넉하고 풍족한 나라에 태어나기를 바랄 것이다.
　또 다른 사람들은 짐승처럼 무작정 먹는 것만 가지고는 사람답게 살 수 없다고 생각할 것이다. 그들은 빵만으로 인간의 삶이 풍요로워졌다고 볼 수 없고, 적어도 문화 수준이 향상되어 자유롭게 자기를 표현할 수 있는 조건이 갖추어진 환경에서 살기를 바랄 것이다.

이처럼 모든 사람들이 똑같은 획일적인 욕구만 갖고 있는 것은 아니다. 요즈음에는 객관적으로 볼 때 충분한 조건을 갖추고 사는데도 불구하고 이마에는 늘 '불만'이라는 글자를 쓰고 다니는 사람들이 의외로 많다.

부처님께서는 "인간의 욕망은 끝이 없어서 지구처럼 크고 넓은 땅 덩어리가 순수 100퍼센트 금덩어리라고 해도 단 한 사람의 욕망이나 욕구를 충족시켜 줄 수 없다."고 말씀하셨다. 불교에서는 이렇게 끝없는 욕구와 불만족 등을 정의할 때 "사막에서 물을 찾아 헤매는 갈증이나 갈애와 같다."고 표현한다.

그렇다면 어떻게 하면 이 같은 불만족을 만족으로 채울 수 있을까? 방법이 전혀 없는 것은 아니다. 우선 비교 우위론이나 천박한 물질주의를 바탕으로 한 기준 설정부터 바꾸어야 한다. 아니 그것보다 더 쉬운 방법이 있다. 지금 당장 마음 씀씀이를 바꾸면 된다. 한 생각만 바꾸면 불만족이 만족으로 바뀌는 것이다. 한 가지 방법으로 꽃처럼, 꽃과 같은 인생을 살라고 제안하고 싶다.

꽃이 아름다운 것은 그만의 고유한 향기를 간직하고 있기 때문이다. 무슨 꽃이건 우선 그 자태의 아름다움도 중요하지만 그보다는 꽃의 향기가 더 중요하다. 꽃의 종류가 붉은 장미이거나 넝쿨 장미이거나 매화이거나 우아한 백목련이거나 아니면 식물도감에 올라 있을 만한 귀한 꽃이거나 간에 대체로 꽃에는 고유한 향기가 있다. 꽃은 향기를 머금고 있고 조용히 그 향기를 뿜어내기 때문에 아름다운 것이다. 그 향기의 유혹과 향기의 파장을 받아서 벌과 나비가 날아오는 것이다.

그러면 사람의 향기란 무엇일까? 삶에 찌들어 고약하기 그지없는 땀 냄새, 싸구려 향수 냄새, 화장품 냄새, 발 냄새 등 몸에서 나는 고약한 육체적 냄새가 우리를 행복하게 하지는 못한다. 그것은 향기가 아니라 그냥 냄새일 뿐이다. 적어도 사람의 향기란 누구도 흉내낼 수 없는 자기만의 인격과 품위를 갖춰야 한다. 거기에다 자기 희생적 봉사정신이 곁들여진다면 이 세상 최고의 향기를 뿜어내는 사람이 아닐까.

이 같은 향기를 소유한 사람이 된다면 그다지 조건을 따지지 않고, 환경을 탓하지 않아도 충분히 행복하고 만족한 삶을 향유할 수 있을 것이다. 그러기 위해서는 우선 지위나 체면 따위에 걸리면 안 된다. 허영심 가득한 허접한 겉치레는 벗어 던져야 한다. 나를 희생한다는 것은 어쩌면 가장 나를 사랑하는 한 방법이기도 하기 때문이다. 사람이 꽃보다 아름다운 이유가 거기에 있는 것이다.

꽃이 아름다운 것은 열매를 맺는 까닭이며, 사람이 아름다운 것은 사랑이 있기 때문이다.

악연을 극복하는 법

올 여름은 유난히 비가 많이 왔다. 천둥과 번개를 동반하고 한 달간 꼬박 내리던 장맛비는 이제 모두 물러갔으니 그동안 묵혀 두고 구겨 두었던 빨래도 좀 해야겠다. 쨍쨍 내려쬐는 햇볕에 음습했던 내 마음도 빨래 줄에 널어서 우울한 기운을 털어내야겠다.

이런 때는 계곡물에 담가 두었던 시원한 수박이나 한 통 잘라 놓고 나무 그늘에 앉아 보고 싶었던 책도 읽으며 여유를 즐겼으면 좋겠다. 그렇게 호사스러운 욕심도 아닌데 막상 그런 시간을 갖지 못하고 마음에 쫓겨 다닌다.

숲 속에서는 여름 벌레들의 웃음소리가 들린다. 저들도 축축한 장마철의 고통에서 벗어난 기쁨을 자기들끼리 나누는가 보다. 생명 존재의 가치는 뜻이 있는 유정들도 뜻이 없는 무정들도 매한가지일 것이다.

어디선가 들은 이야기인데, 동물들도 자기 형제를 식별하는 능력이 있다고 한다. 그런데 식물들도 자기 종種을 알아본다는 실험 결과도 있다. 같은 화분에다 다른 종의 식물을 함께 심어 놓으면 한 치의 양보도 없이 뿌리를 필요 이상으로 힘차고 길게 뻗어 상대 식물이 수분과 자양분을 못 빨아들이도록 방해한다고 한다. 반대로 같은 종이 옆에 자라면 조금씩 자리를 양보해서 함께 뿌리를 내리는 놀라운 사실이 밝혀진 것이다.

동종과 동족에 대한 애정과 강한 결속력은 인간들만이 누리는 특별한 능력은 아니다. 어떤 때는 말도 행동도 하지 못하고 인지 능력도 전혀 없는 것 같은 식물들이 인간들보다 못할 것도 없다는 생각이 든다.

오히려 사람들의 추악한 이기주의는 자기 피붙이인 부모 형제를 서로 미워하고 학대하며, 늙고 병든 노부모를 서로 모시지 않으려고 한다. 심지어는 보따리를 챙겨서 야반도주하듯이 이민을 가 버리는 자식도 있다. 최악의 물질 지상주의와 만능주의가 빚어낸 재산 싸움에 형제를 죽이는 일이 이제 더 이상 놀라운 뉴스거리가 아니다.

어디 그뿐인가. 제가 낳은 자식을 버리거나 유기하는 일도 심심찮게 벌어지고 있다. 핏덩이 어린 유아들을 다른 나라에 제일 많이 수출하는 잔인한 심성을 가진 사람들이 사는 나라가 바로 이 땅의 절망적인 모습이다.

불교의 인연법과 인과법을 안다면 이와 같은 만행은 어림도 없는 일이다. 부모나 형제의 인연을 맺는다는 것은 오늘 현세만의 문제가 아니다. 수없이 태어나서 다시 죽고 다시 태어나는 거듭 반복되는 윤회의 수레바퀴 속에서 함께 울고 웃으며 고락을 같이한 것이 형제이거나 부모라는 사실이다. 부모 형제의 인연은 마치 바닷물이 수증기가 되어 하늘로 올라갔다가 비가 되어 내리고 강물이 되어 흘러서 다시 바다로 돌아가듯이 윤회의 연결 고리에서 이루어진 관계다.

그렇다고 한다면 죽어서 다음 생에 또 어떻게 하든 만나게 되어 있다. 다음 생에 오늘의 인연들은 역할이 서로 바뀌어 태어날 수도 있다. 나를 고아원에 갖다 버린 어머니가 다시 딸로 태어나고 버려진 딸이 어머니가 될 수도 있다. 또 나를 죽인 자식이 부모의 역할로 뒤바뀔 수도 있는 것이다. 또 다시 서로에게 못할 짓을 되풀이해야만 하는 저주의 법칙 같은 것을 생각하면 정말 끔찍한 일이 아닐 수 없다. 받은 만큼 되돌려 갚는 인연의 고리가 바로 인과응보이다. 그래서 우리는 오늘 이 시간부터라도 쇠사슬 이음쇠 같은 악연으로 맺은 관계를 과감히 청산하고 고리를 끊어 버리는 지혜와 용기가 진정으로 필요한 것이다.

그러려면 우선 현생에서 내가 받고 있는 이 많은 고통들은 모두 내가 저지른 죗값이다, 내 탓이다, 추호도 남을 원망하는 일은 하지 않겠다는 서원誓願이 필요하다. 그리고 더는 악연이 될 만한 씨앗은 처음부터 심지도 뿌리지도 말아야 한다.

  또한 그동안 알게 모르게 잘못 되어진 인연들에게 쉬지 않고 참회하는 마음을 가져야 한다. 별것 아닌 일에도 매사에 고마움과 감사하는 마음, 늘 봉사하는 자세가 억지로가 아니라 저절로 몸에서 배어 나와야 한다. 이것만이 악연의 고리를 차단하고 스스로의 악습관을 막는 의지이며 용기인 것이다. 그것만이 악연을 선연으로 바꾸어 지혜롭게 사는 유일한 방법이다.

인생길

 길이 있다. 우리가 일상적으로 이용하는 일반 도로에서부터 비행기가 다니는 하늘길도 있고, 배가 다니는 바닷길도 있다. 길이란 어떤 목적지를 정하고 그 곳을 향해서 앞으로 나가는 수단으로 이용되고 있다. 길을 한문 옥편에서 찾아보면 '길 도道', '순응할 도道', '부터 도道', '다스릴 도道', '인도할 도道' 등 이렇게 같으면서도 다른 뜻을 가지고 있다. 이 '길 도' 라는 단어를 생각해 보자.
 사람들은 나이가 들어갈수록 자신이 스스로 어떤 인생길을 걸어왔는지 돌아보게 된다. 그가 남자이건 여자이건, 잘 살았건 못 살았건 한 평생 걸어온 길이 있을 것이다. 때로는 즐겁고 행복한 순간들도 있었을 것이고, 또 어떤 때는 슬프고 괴롭고 절망과 좌절의 고통을 견디어 온 순간들도 많았을 것이다.

그렇게 수없이 많은 날들을 숨 쉴 틈 없이 무엇으로부터, 무엇을 위해 왔는지 꼬집어 정의 할 수 없는 것이 인생길이 아닌가 싶다. 어떤 사람은 한평생 자식을 위해 살았다고 할 것이고, 또 어떤 사람은 출세를 위해, 아니면 부를 축적하고 누리기 위해, 또는 사랑을 위해 살아왔다고 확신을 가지고 말하기도 한다. 하지만 그것은 정답이 아닌 것 같다.

'나' 라는 존재의 정체성이 쏙 빠진 인생이란 진정한 것이 못된다. 자기 자신의 인생은 어디다가 어떻게 놓쳐버리고 흘려버렸는지 모를 일이다. 누구 엄마 누구 아내로 살았고, 누구네 아빠 누구의 남편으로 살았고, 누구네 자식 아니면 조 여사, 최 씨 아줌마, 또 회사에서는 김 사장, 박 과장, 정 대리쯤으로 살았지 본래 나는 없었던 것이다.

자세히 살펴보면, 거대한 어떤 사회 조직의 구성원이었거나 아니면 톱니바퀴 같은 복잡한 기계 부속품의 일부였을 뿐이다. 마치 주인공이 없는 연극처럼 철저히 스스로 자신에게만 소홀히 하고 살아온 한평생을 돌아보며 나는 왜 나만을 위한 시간, 나만을 위한 공간을 만들지 못하고 나를 챙기지 못했을까 후회하는 시간이 올 수도 있을 것이다. 하지만 그렇게 살아온 시간이 무가치한 삶이라고 말할 수는 없다.

다들 훌륭하고 정직하게 살아온 길이 보람되기도 하고 한편으

로 자신이 이룬 연구 업적과 학문의 성과가 모든 보편적 인류에게 희망을 주기도 할 것이다. 그러나 결론부터 말하자면 우리 인생길의 최종 목적지는 애써 키운 자식들의 성공하고 출세한 모습을 보는 것도 아니고, 돈과 권력으로 떵떵거리며 어려운 이웃도 좀 도와주고 그렇게 여유롭게 사는 것도 아닐 것이다. 그것은 중간 목적지는 될 수 있을지 모른다. 그러나 그것이 최종 목적지는 아니다. 그러면 무엇이 최종 목적지일까. 아쉽게도 죽음으로 가는 마지막 길이 끝나는 지점이 인생의 최종 목적지라고 해야 할 것이다.

태어나서 죽을 때까지 그 생명의 길이가 길든 짧든 한 생을 살면서 지나온 길이 아무리 아름다운 소설이라고 해도 한 편의 소설을 다 읽고 마지막 페이지를 덮고 나면 그만인 것과 같다. 그가 무엇을 하고 무슨 업을 하면서 살았건, 지위가 높건 낮건, 잘났건 못났건 처음부터 정해진 목적지를 향해 달려온 수단에 불과했던 인생길인 것이다.

이제부터라도 나만을 위한 길을 가야 한다. 나 혼자만의 시간과 여유를 가져야 한다. 그러기 위해서는 그가 누구이건 나와 더불어 사는 사람들, 설사 가족이라 할지라도 동업자 이상의 관계를 기대하거나 설정하지 말라는 것이다. 동업자 관계란 서로에게 꼭 필요

감정을 드러내지 말고 남의 말을 잘 듣는 사람이 되라. 그리하면 인생의 반은 성공한 사람이다.

한 관계이면서도 적당한 우정 관계를 유지하며 무례하지 않고 상호가 보완적이고 타협하는 관계이다. 부부 또는 자식까지도 서로에게 지나친 관계를 주장하다 보면 자신을 망치는 집착에 빠지기 쉽다.

자신만의 시간을 선택하는 방법으로 인생길의 동반자적 길잡이가 될 수 있는 건전한 종교 생활이 좋을 것이다. 지금부터라도 늦지 않다. 자신만의 인생길을 개척해 보자.

명상 걷기

어린 시절, 어머니께서 선물해 주신 털이 보송보송하게 난 하얀 토끼 한 쌍을 키운 적이 있다. 쫑긋한 귀와 유난히 길고 잘 생긴 앞 이빨이 너무 귀여워서 귀를 잡고 들어 올리면 얌전한 앞 발 두 개를 버둥거리며 재롱부리는 모습이 더 예뻤다.

한동안은 토끼에 정신이 팔려 학교 공부마저 게을리 한다고 걱정을 들은 적도 있었다. 시간만 나면 또래 친구들과 들에 나가서 토끼밥을 구해 오곤 했었다. 토끼들이 좋아하고 즐겨 먹는 주식은 생고구마나 배춧잎 같은 것이었다. 하지만 너나 할 것 없이 어려운 그 시절에는 사람 먹을 양식도 없는 판에 토끼 먹일 고구마가 어디 있겠는가. 그것들을 구하기가 그렇게 쉽지 않았다. 그래서 토끼풀을 뜯어다 먹였다.

들에서 자란 여러 가지 식물들 중에서도 토끼가 가장 잘 먹는 것은 잎이 보드랍고 연한 크로바 잎이다. 토끼풀을 뜯으러 간다는 핑계 삼아 함께 간 개구쟁이 친구 녀석들과 맘껏 뛰어놀기 좋은 곳도 바로 크로바 밭이다. 들녘에 지천으로 널려 있는 토끼풀 잔디에 누워서 아이들과 장난도 치고 토끼풀 꽃반지, 토끼풀 꽃시계를 만들어서 서로의 손가락과 팔목에 끼워 주기도 했다.

그렇게 순수했던 동심에 젖은 어린 시절이 벌써 수십 년이나 지나가 버렸다. 간밤에 잠깐 졸면서 몇 초만에 꾸었던 꿈같은 시간인 것 같은데 화살처럼 빠른 시간은 돌이킬 수 없는 공간적 거리에 나를 갖다 놓았다.

절에서 늘 큰스님들께서 귀가 아프게 반복해서 말씀하셨던 말이 생각난다. "인생에서 잠자는 시간, 밥 먹는 시간 등 이것저것 모두 빼고 나면 제대로 제 정신으로 살았다고 할 수 있는 시간은 겨우 10년도 채 안 된다."고 하셨다. 그 10년마저도 돌이켜 보면 눈을 한 번 깜빡 하는 찰나적 시간이라고 비유했다. 게다가 숨 한 번 들이쉬고 내쉬는 시간에 모두 지나가 버린다고 했다. 그래서 '생사여호흡지간生死如呼吸之間'이라는 말이 있다. 모두 시간을 아껴 쓰라는 말들이다.

언젠가 어느 민간 통계 기구에서 직업에 따라서 시간을 돈으로 환산하는 재미있는 통계를 발표한 적이 있다. 미국의 경제학자 벤

자민이라는 사람도 오래 전에 주장하기를 '시간은 돈'이라고 주장했다. 돈이면 다 되는 세상이라고 믿는 사람들에게는 중요한 의미를 가진 말일 것이다. 그러나 시간을 돈으로만 생각할 수는 없다. 시간을 어떻게 쓰느냐 하는 문제는 돈보다 더 중요한 것이기 때문이다.

요즈음 같이 무엇이건 가장 빠른 속도가 최고의 가치로 자리매김되는 시대에 살면서 혹 자신도 그 빠른 것에 편승하여 어딘가로 의미 없이 떠내려가고 있지 않은가 한 번쯤 생각해 보자. 자신도 모르게 시류에 떠밀려 간다면 이처럼 억울한 일이 또 어디 있겠는가.

자기 자신이 그냥 흘러가는 대로 내맡겨 두어야 할 쓸모없는 인생, 시간만 소비하는 인생이라고 생각한다면 할 같이 없다. 그러나 나라는 존재와 존재 가치를 확인하는 순간 충격적이게도 '나는 얼마쯤의 가치가 있는 인생이며, 나는 누구이며, 나는 어디서 와서 누구를 위해 살다가 어디로 가는 것일까?'라는 물음에 다다른다면 문제가 심각해진다. 그에 대해 정확하게 대답할 수 있는 사람이 몇이나 될까.

태어나서 단 한 번도 그와 같은 문제를 스스로에게 던져 볼 시간을 갖지 못한 사람이 많을 것이다. 우주 질서에 따라 생명의 존재는 무한한 것이 아니다. 유한한 것이다. 끝이 없는 생명으로 영원한 삶을 누리는 존재는 아무것도 없다. 언젠가는 그 끝이 있다는 말이다. 생명체의 체세포 기능에 따라 얼마간의 시간적인 차이는 있을

지 몰라도 멸망하지 않고 죽지 않는 생명이란 있을 수 없다.

그러므로 될 수만 있다면 우리가 그동안 의식하지 못하고 살아왔던 짧은 생명의 시간을 어떻게 아름다운 모습으로 유지할 것인가에 대해 스스로 고민해 보아야 한다. 찰나적 순간, 사라져 갈 이 몸을 가지고 무엇을 어떻게 해야만 하고, 무슨 일을 먼저 해야 가장 보람되고 뜻있는 삶이 되는지 깊은 사색의 시간을 가질 필요가 있다. 이 세상에 태어나 살아가면서 자신에 대한 깊은 성찰의 시간이 없다면 그 얼마나 서글픈 인생인가.

화살처럼 빠른 변화의 시대에 살고 있는 현대인에게 자신의 내면과 만나는 방법의 하나로 느림의 미학을 권하고 싶다. 느림을 통해 자신의 내면을 뒤돌아 볼 수 있는 기회를 가져야 한다. 느림을 통해 자신의 정체성을 실현시키는 가장 좋은 방법이 바로 명상이다. 불교에서는 명상을 참선이라고 해서 수행의 한 방법으로 삼고 있다.

명상 가운데서 쉽게 실천할 수 있는 것으로 우선 명상 걷기를 권하고 싶다. 특별히 따로 시간을 낼 필요는 없다. 자투리 시간이라도 좋다. 나를 위해 움켜쥐고 있는 것들을 하나 둘씩 놓아버리고 몸의 근육을 이완시키듯 정신세계를 이완시키는 운동을 해 보자.

조용하고 한적한 공간으로, 공원 잔디밭 같은 곳이나 아니면 그냥 공터라도 좋다. 우선 신발을 벗고 편안한 마음으로 눈을 반쯤 지그시 감고 천천히 아주 천천히 반걸음 걷고 일곱 번 세고, 또 반걸음 걷고 일곱 번 헤아리는 운동을 계속해서 반복해 보는 것이다.

이것이 명상 걷기다. 아무리 급해도 급한 걸음은 절대 사양해야 한다. 반걸음에 일곱 번 헤아리는 것을 잊지 말아야 한다. 이렇게 1년만 하면 자신도 모르게 무아의 경지에 빠지게 되고, 그런 가운데 평온한 정신세계를 경험하게 될 것이다. 이 명상 걷기 운동은 몸도 건강해지고 정신도 건강해져서 세상을 보는 눈이 새롭게 열리게 된다.

그리하여 마침내 나는 누구이며, 지금부터 나는 나답게 살아야 할 이유와 권리가 있다는 사실을 깨닫게 된다. 보고 듣는 모든 세상이 행복하게 보이고 누구와 만나 이야기를 나눠도 자신감 넘치는 사람으로 변할 것이다. 해도 해도 모자람이 없는 사랑이 충만한 사람이 되어 있을 것이다.

아름다운 회향

살아가면서 아름다운 향기를 나누는 사람은 죽어서까지 그 선행이 이어지는 경우가 많다.

얼마 전 열반에 든 생명나눔운동 총재이며, 조계종 총무원장을 역임한 법장 큰스님은 자신의 시신까지도 병원 연구실에 기증하여 마지막까지 가진 모든 것을 사회에 공헌했다. 늘 선한 웃음과 자비로운 표정을 잃지 않으시고 보살행을 실천한 큰스님이 항상 하시던 말씀이 떠오른다.

큰스님은 언제 어느 곳에서나 법문이 끝날 때쯤 빼놓지 않고 "이 자리에 계시는 불자 여러분! 여러분들의 마음속에 담겨 있는 불행한 마음과 걱정스러운 마음, 미워하고 원망하는 마음을 모두 내게 주십시오. 제가 가는 걸음에 이 걸망에다 모두 다 담아가지고 가겠습니다." 하고 말씀하셨다. 그래서 마지막 유훈의 말씀인 열반송에서도 "내게는 큰 걸망이 하나 있네. 아무리 많은 것을 담아도 넘치지 않고 줄지 않으며, 아무리 많은 것을 나누어도 모자라지도 않고 남지도 않은 걸망이라네." 하고 말씀하시며 크게 한바탕 웃으시고 돌아가셨다.

그렇게 아름다운 삶을 살다 가신 큰스님은 많은 이들의 가슴에 큰 울림의 족적을 남기셨다. 우리 곁에 좀 더 계시지 않고 사바세계 중생들을 위해 하실 일이 산처럼 쌓였는데도 너무 빨리 떠나가신 아쉬움은 불자나 비불자를 막론하고 모두 같으리라.

사람이 일생을 사는 동안 그가 무슨 직업을 가지고 어떻게 살아왔는가도 중요하지만 마지막 이 세상을 떠나는 순간, 남들에게 귀감이 되고 사표가 될 만한 유산을 남긴다는 것은 생각만큼 쉽지가 않다. 생명이 끝나는 순간까지 자신이 소유했던 물질로부터 자유롭지 못하고 남겨진 인연들과의 관계 역시 쉽게 끊지 못한 채 죽는 사람들도 많다.

세계에서 마지막을 가장 추하게 장식한 사람 중 꼭 한 사람을 꼽으라면 막부 시대 일본의 실질적 최고 권력자이며 오사카 성주였던 도요토미 히데요시를 들 수 있을 것이다. 이 사람은 우리에게는 너무나 많은 고통을 안겨준 임진왜란의 주범이기도 하다. 도요토미는 죽음을 앞두고 이제 갓 10살도 안 되는 자기의 어린 자식에게

남을 위해 자비로운 사랑을 베풀지 못하는 것은 그 사람의 마음에 어리석음과 근심이 가득 차 있기 때문이다.

권력을 넘겨주지 못해 자신을 따르는 충성스러운 장수들을 하나하나 붙들고 눈물을 흘리며 호소했다.

자신의 사후 어린 자식에게 지금까지 보여준 충성을 계속해 달라는 서글픈 주문을 받은 부하 장수들은 크게 실망하였다. 지금까지 그의 명령에 따라 죽음을 불사하고 전쟁터에 나가 싸웠는데 겨우 제 피붙이의 뒷일이나 걱정하는 졸장부 영감에게 충성을 하였다고 생각하니 한심하고 부끄러워서 탄식하는 장수들이 많았다고 한다.

우리 불교에서는 생명을 마치는 마지막까지 뒷사람들에게 오래 영향을 주고 기억되는 일을 남긴 죽음을 일러서 '아름다운 회향'이라고 한다. '회향'의 본래 의미는 모두에게 되돌려준다는 뜻이 있다. 무슨 일을 하였건 자신이 노력해서 벌여 놓은 일의 결과가 이루어졌을 때, 그것이 어떤 성질의 것이건 성취한 결과물의 마지막 귀결을 자신의 것만으로 만들지 않고 모두에게 되돌려준다는 것을 의미한다. 태어나서 죽을 때까지 잘 살아왔고 잘 살다 가는 것은 우리 모두의 화두이다.

어떻게 하면 잘 사는 것일까. 일생을 한 점 부끄럼 없고 후회 없이 사는 삶도 잘 살았다 할 것이다. 그러나 좀 더 적극적인 삶은 없을까? 일생을 봉사와 헌신으로 나병 환자들을 지키며 그들을 돌보다 영면에 드신 인도의 어머니 테레사 수녀 같은 삶은 좋은 본보기가 된다. 그와 같은 삶을 흉내 내며 살지는 못 한다 하더라도, 가진 것이 없으면 없는 대로 남을 위해 봉사하고 어렵고 힘든 이들을 위해 물질적·정신적으로 나누는 삶이야말로 잘 산 인생이라고 할 수 있을 것이다.

  그와 같은 일은 억지로는 안 된다. 생활 속에 자연스럽게 배어 있어야만 한다. 제 식구 잘 먹이고 잘 입히는 일이야 짐승인들 못하겠는가. 나의 아름다운 회향을 어떻게 할 것인가에 대해서 밑그림을 그려보는 것도 바람직할 것이다. 소외되고 가난한 이들을 위해 봉사하고 돕는 아름다운 회향을 해야 한다. 이제부터라도 회향이라는 단어에 관심을 가져야 한다.

오늘을 지혜롭게 사는 법

 비가 내린 여름날 오후의 숲 속은 한 폭 묵화처럼 엷은 안개치마를 두르고 서 있다. 지난 가을 차곡차곡 쌓아둔 낙엽들이 썩어 발효되는 냄새가 땅에서부터 솔솔 올라온다. 그렇게 향기롭지도 그렇게 비릿하지도 않은 적당한 퇴비 냄새를 맡기 위해 가끔씩 이 오솔길 산책을 즐긴다. 자연스러운 습도와 온도의 양에 맞추어 땅심을 돋아주는 이른바 흙의 영양제가 바로 낙엽들이다.

 낙엽들이 이렇게 맛있게 썩어 주어야만 벌레들도 먹을 것을 마련할 수 있고, 풀들도 벌레들을 안아줄 기운이 생기는 것이다. 이 숲 속에는 우리가 모르는, 식물도감이나 곤충사전에도 등재되지 않은 수백 수천 종의 생명들이 서로를 위해 나누고 도우면서 살아가고 있다. 자연의 질서와 생명들의 공존과 상생의 관계는 연기론적 관점에서 보면 경이롭기까지 하다. 시간과 공간과 따스한 햇빛, 비, 바람, 천둥 어느 것 하나 제때 공급되어지지 않는 것이 없다. 한 치의 오차도 없이 가지런한 자연의 역사는 생명의 질서 바로 그것이다.

나무와 나뭇잎을 무성하게 키우는 땅의 정성스러움 또한 나무로부터 잎을 되돌려 받아 흙을 더욱 기름지게 한다. 이 얼마나 놀라운 상생의 진리인가. 이 같은 대자연의 협생協生에 비하면 소유욕에 중독되어 제 욕심만 채우기 위해 끝없는 욕망으로 치닫고 있는 인간의 모습은 한없이 초라하기만 하다.

인간의 삶을 표면적으로 말한다면 생로병사의 일생이라 할 수 있다. 그러나 태어나서 늙어서 병들어 죽는 것이 생명 존재의 의미는 아니다. 그렇다면 과연 무엇을 위해, 누구를 위해 살아가고 있는 것일까. 아무도 그 답을 알지 못한다. 그러나 한 가지 분명한 것은 삶도 죽음도 모두 개개인 스스로의 것이며 어떤 누구의 것도 아니라는 사실이다.

부처님께서 말씀하시기를 "전생의 그대 모습을 알고 싶다면, 오늘 그대가 받고 있는 여러 가지 형태의 삶의 모습을 모두 거울에 자신의 모습을 비추듯이 비추어 보면 알 수 있다."고 하셨다. 오늘 자신의 삶은 자기 이외의 그 누구의 것도 아니다. 부모 또는 자식, 혹은 또 다른 무엇 때문이라는 변명은 궁색하기만 하다.

오직 전생과 맺은 계약된 프로그램 때문에 꼭 만나야 할 사람들을 부부로 형제로 만난 것이다. 또 누구에게 배신을 당하거나 어려운 고통을 당하는 것도 누군가에게 갚아야 할 셈이 있다는 말이다. 마치 빚을 진 사람이 빚을 청산해야 하듯이 전생과 이생의 문제를 스스로의 의지만으로 해결해야 하는 것이다. 누구도 대신할 수 없는 빚이기 때문이다. 이미 정해진 프로그램대로 수순에 따라 살아야 한다는 것이다.

그것을 운명론이라고 말할 수도 있을 것이다. 모든 것이 이미 운명지어져 있다면 애써 현재의 어려움에서 탈출하려고 노력할 필요가 있을까. 정해진 운명대로 살면 그만일 수도 있다. 그러나 부처님께서 말씀하시기를 "오늘, 즉 현생現生은 빚을 청산하는 기회이기도 하고 더불어 내일을 기약하는 저축을 할 수 있는 기회도 된다."고 하셨다.

오늘 있는 것 모두 털어서 빚을 다 갚고 나면 내일은 무얼 먹고 사느냐 하는 문제가 생길 수 있다. 어렵고 힘든 이때를 당하여 끊임없는 자비의 마음과 내 곁에 있는 모든 생명 있는 것들을 소중하게 여기는 마음을 가져야 한다. 또 아주 작은 것에도 감사하는 마음을 하나 둘 차근차근 저축해야 한다.

삶과 죽음을 둘로 나누어 이분법적 논리로 보지 않는 불교의 윤회사상은 우리의 삶을 한 번 쓰고 버리는 일회용 나무젓가락처럼 재생 불가능한 일회성 삶으로 보지 않는다. 거듭거듭 반복하는 삶인 것이다. 생과 사는 마치 물과 얼음처럼, 본래 물이었다가 어떤 조건이 맞으면 얼음이 되기도 하고, 환경적 영향에 따라 다시 물로 변환하는 것과 같다. 그러므로 내일이 아니고 내생을 행복하게 살아갈 건강한 프로그램을 오늘 만들지 않으면 안 되는 것이다. 그것이 바로 오늘을 지혜롭게 사는 방법이다.

나눔이 깊으면

어떤 노랫말에 사랑이 깊으면 슬픔도 깊다는 말이 있다. 적절한 표현이다. 이 세상에 그 대상이 무엇이건 사랑에 대한 집착이 강하면 강할수록 고통은 몇 갑절 더 커진다.

부처님 당시에 외아들을 둔 홀어머니가 있었다. 그런데 눈에 넣어도 아프지 않을 것 같고 사랑스럽기만 한 그 외아들이 병들어 죽었다. 그녀는 스스로 삶의 의미도 잃은 채 죽은 아들을 부둥켜안고 몇 날 몇 밤을 울다 지쳐 쓰러졌다. 이를 지켜보던 이웃 사람들이 말하기를 "가까운 곳에 대단한 신통력을 가지신 부처님이 계신다네. 그분은 죽은 사람도 살릴 수 있다고 하더군. 한 번 찾아가 보게나." 하고 위로의 말을 했다. 그러자 그녀는 온 힘을 다해 죽은 아들을 들쳐 안고 부처님이 계신 곳을 향해 달려갔다.

여인은 부처님께 "거룩하신 이여, 당신께서는 세상에서 못하는 일이 없는 신통이 자재하신 분으로 알고 왔습니다. 제발 부탁하오니 죽은 제 아들을 살려 주십시오." 하고 간청했다. 그러자 부처님께서는 "여인아, 나는 죽은 사람을 살리는 힘을 가지고 있지 못하다. 그러므로 이제 그만 슬픔을 거두고 다음 생에서 다시 만날 것을 기약하는 것이 좋을 것 같구나." 하고 말씀하셨다. 그러나 그녀는 더욱 강렬한 목소리로 "거룩한 이여, 당신은 어찌하여 사람을 차별하십니까? 어떤 사람은 당신의 도움을 받아 병든 자도 고쳤다는데 저희 아들도 그 같이 살려 주십시오." 하고 애원했다.

부처님께서 다시 말씀하시기를 "꼭 그러하다면 그대가 돌아다니면서 이 세상에 어디를 가든 죽은 사람이 한 사람도 없는 집에서 쓰고 있는 불씨를 구해 오라. 그리하면 내 그대의 아들을 살려주겠노라." 하고 약속하셨다. 그 당시에는 불을 구하기가 힘들어서 집집마다 불을 꺼트리지 않고 불씨를 남겨 두었다. 그러자 죽은 아들을 살려야 한다는 일념으로 여인은 집집마다 사람이 죽지 않은 집의 불씨를 구하기 위해 온 사방을 찾아 다녔다. 이 마을 저 고을 미친 듯 아무리 찾아 봐도 조상이 죽었거나 부모가 죽었거나 형제가 죽었거나 해서 어느 집도 죽음이 없는 집이 없었다.

그렇게 몇 달 동안 식음을 전폐하고 돌아다녀도 끝내 불씨를 구하지 못한 그녀는 부처님에게 다시 돌아왔다. 그리고 부처님께 말하기를 "거룩하신 이여, 당신의 말씀이 옳았습니다. 어리석기만 한 저는 모두가 경험한 생로병사의 자연적 죽음을 저 혼자만 감당하지 못하고 있었음을 깨달았습니다." 하고 자신의 어리석음을 뉘우쳤다. 이 여인이 가지는 집착의 정도가 부처님께서조차도 설득이 쉽지 않은 상태였다는 것을 말해준다.

누구나 살면서 적당한 목적의식과 집착을 가지게 마련이다. 하지만 물불을 안 가리는 욕망과 그것을 성취하기 위한 집착은 이 여인이 얻은 결론처럼 허탈한 것이 되고 말 것이다. 이 이야기는 누구나 자신이 당하는 괴로움과 고통만 클 뿐이지 남의 슬픔 따위는 진정으로 공감하려 않는다는 점 또한 전하고 있다. 그래서 옛말에 '남의 아픔이나 고통스러움은 내 손톱 밑의 가시만 못하다'고 하지 않던가. 우리는 지금이라도 이웃과 자비로운 마음으로 깊은 교감을 가지고 공조共助해야 한다. 저마다 자기가 능력이 있어서 부리고 누리고 사는 것처럼 보이지만 자세히 들여다보면 그렇지가 않음을 알 수 있을 것이다.

예를 들어 공장과 공장 주인만 있고 생산에 필요한 인력이 한 사람도 없다고 가정해 보자. 혼자 공장 주인이면 무엇할 것인가. 생산 없는 공장은 아무 짝에도 쓸모없는 빈 창고가 되고 말 것이다. 아무리 값 나가고 좋은 물건들이 잘 정돈된 백화점이라 해도 한 명의 고객도 찾아주지 않는다면 그곳 역시 그냥 창고일 뿐이다.

공조共助의 다른 말은 상생相生이다. 내 이익이 우선이라는 생각부터 바꾸자. 나뿐만 아니라 서로에게 이익이 되는 상생의 가치가 성숙한 시민 사회임을 인식해야 한다. '사랑이 깊으면 슬픔도 깊어라'가 아니라 '나눔이 깊으면 기쁨도 깊은 것'이다.

발밑을 살펴라

산촌에 눈이 내리면 온 산이 하얀 비단을 깔아 놓은 것 같이 정갈하다. 하얀 눈 위를 사르르 날으는 눈바람조차도 숨죽인 고즈넉한 산사의 겨울풍경을 나는 유난히 좋아한다. 가지마다 눈꽃이 피어 있는 산 아래를 내려다보면 오막조막한 마을 집들과 경계가 분명치 않은 논과 밭 사이로 추위에 떨고 있는 감나무들까지도 참 정겹게 느껴진다. 누군가 솜씨 좋은 동양화가의 손에 의해 마음먹고 그려진 한 폭의 그림같다. 눈 속에 파묻혀 있는 식량들을 꺼내 먹지 못한 산노루들이 허기를 채우기 위해 산 아래로 비틀거리며 내려오기도 한다.

왠만큼 눈이 쌓이면 깨끗하거나 더럽거나 높고 낮은 곳 분별없이 일순간 모든 흥허물을 덮어 버린다. 자연의 힘 앞에 서면 인간은 한없이 작은 점 같은 것이 되어 더욱 겸허해질 수밖에 없다. 그런데 간혹 작다는 것을 인정하지 않는 지각없는 사람들이 있다. 인간의 교만은 끝이 보이지 않는다. 좋은 것과 나쁜 것, 미美와 추醜를 구별 짓고 저보다 좀 약하다 싶으면 얕보고 차별 하는 못된 버릇을 가진 사람들도 더러 있다.

어디 그것뿐인가. 너와 나는 서로가 다정하게 함께 나눠야 할 공생 공영의 협조적인 관계가 아니라, 상대방이 가진 것을 무조건 취해야 살아남을 수 있다는 그릇된 가치관을 가진 사람들도 많다. 때로는 호전적으로 변하기도 한다. 이와 같이 저질스러운 물질주의는 우리를 더욱 서글프게 한다. 왜 이렇게 끝간 데 없이 잔인한 인간성으로 몰락하고 있는지 안타깝기만 하다.

중국의 유명한 선사의 이야기 중에 '조고각하照顧脚下'라는 말이 있다. 이 말을 만들어낸 분은 바로 원오 극근 선사이다. 이분의 일화를 살펴보자.

하루는 스승과 세 명의 제자가 함께 어두운 밤길을 걷고 있었다. 등불을 들고 앞서가던 스승이 갑자기 등불을 꺼버렸다. 칠흑같이 어둡고 깜깜한 밤에 등불이 꺼진 상태에서 노스승은 "제자들이여, 이러한 때를 당하여 어떻게 할 것인가." 하고 질문을 던졌다. 세 명의 제자 중 두 제자는 노스승이 바라는 대답을 하지 못했다. 하지만 원오 선사는 바로 대답하기를 "조고각하"라고 답하였다. 조고각하는 자신의 발밑을 살피겠다는 뜻이다. 어두워서 앞길이 보이지 않은 때에 자신의 발밑을 살피는 일보다 더 중요한 일은 없다. 그렇지 않고 수천 길 벼랑이라도 만나 헛발질을 한다면 그것은 엄청난 사고를 야기할 수도 있을 것이다.

현재의 우리들 역시 지혜의 등불은 꺼지고 어둠을 헤매는 중생의 몸을 받아 살아가고 있다. 그럼에도 불구하고 인간성을 상실하고 마음의 다리 밑을 살피지 않은 채 위험한 삶을 영위하고 있는 것이다. 나와 가장 가까운 곳에 있는 사람들, 아내 또는 남편, 가족 등 그 대상이 누구든 상관없다. 그들을 살피는 데 소홀하지 않았다고 확신할 수 있는 사람이 몇이나 될까. 그들을 위해 직장에 나가 일하고 적당한 생활비와 학원비, 충분한 용돈을 주면 역할을 다한 것이라고 말할 수 있을까. 마치 인생을 다 바쳐 헌신적으로 봉사하고 있다는 착각에 빠진 사람들도 많다.

그러나 인간관계는 미묘하다. 단순한 동물처럼 사육하는 것이 아니기 때문이다. 자녀들과의 다정다감한 대화와 감정의 교류 그리고 사랑이 넘치는 관심이 필요하다. 그러한 것들을 물질로 대신할 수 있다는 생각은 너무나 무책임하고 위험한 생각이다. 내 곁에 있는 이들이 어린아이이건 어른이건, 남자이건 여자이건, 하나하나 독립된 인격체로서 존중해 주어야 한다. 또 그들의 말과 행동을 예의주시하고 관찰해야 한다. 그들이 내뱉는 말에 어떤 불만을 숨기고 있는지 혹은 몰래 떠나가려는 구실을 만들고 있지는 않은지 잘

세상이 나를 알아주지 않는다고 원망심만 키우지 말고, 자신을 갈고 다듬는 데 힘을 쏟아라.

살펴보아야 한다.

이 시대에 엄청난 사회적 부담으로 다가오는 불량 청소년 문제나 급증하는 부부들의 이혼 문제도 알고 보면 주위를 잘 살피지 못했기 때문에 일어나는 일이다. 가족 구성원들 간의 반목과 갈등, 미움과 원망 등은 가족의 붕괴를 예고하는 단어들이다. 바로 가까이 있는 사람들에게 관심을 두지 않고 살피지 않았던 것이 일차적 원인이라 할 수 있다.

위에서 아래로 부려보는 권위 따위는 강압적 자세로 되는 것이 아니다. 마음으로부터 우러러 존경 받지 못하는 가식적인 권위는 사상누각沙上樓閣과도 같은 것이다. 아래가 부실한 집은 바람만 한 번 불어도 픽 쓰러지고 만다. 직장인들도 마찬가지다. 직급이 높은 상사는 반드시 아랫사람을 배려와 관심으로 살피는 데 게을리 하지 말아야 한다. 그렇지 않으면 언제 떠날 구실을 찾을지 모르는 일이기 때문이다.

진정성이 담긴 관심과 살핌, 진실이 담겨 있는 말 한 마디가 더 절실하게 필요한 것이다. 눈빛만으로도 내 마음을 읽고 움직일 수 있는 아랫사람이 단 한 명도 없는 직장의 우두머리라면 조고각하를 못하는 사람이다. 그는 발밑을 제대로 살펴보지 않은 엉성한 사람임에 틀림없다. '조고각하'야 말로 이 시대에 가장 깊이 새겨야 할 명언 중의 명언이다.

차 한 잔을 마시며

　장맛비가 열흘 이상 계속 되면 방안에서는 곰팡이 냄새가 나기 시작한다. 이럴 때는 몸도 마음도 덩달아 습기에 젖는다. 축 처지는 기분을 전환하기 위해 찻그릇을 꺼내 들고 청마루에 나와 앉는다. 일부러 낙숫물 떨어지는 소리와 찻물 끓는 소리를 즐기며 뿌연 물안개가 아름드리나무들을 쓰다듬는 정경을 마냥 바라만 보고 있어도 좋다.

　얼마 전 화개에서 차를 손수 제작하는 강 보살님이 보내온 우전을 한 잔 마시며 이런저런 망중한을 즐겨본다. 차를 좋아해서 차 마신지는 오래된 것 같은데 아직도 다도를 제대로 익히지 못했다. 차의 종류도 중국산 차들이 들어오면서 기억하기조차 힘들 정도로 가지 수가 다양하고 많아졌다. 수백 가지 종류의 중국산 차 중에 스님들이 즐겨 먹는 차들은 일반적으로 오룡차, 철관음, 보이차 등 몇 가지 안 된다. 그 나머지 죽엽차, 은침차, 일엽차, 흙차 등은 전문 기호가들이나 마시는 차들이다.

차의 기원은 중국의 삼황 오제 시절로 거슬러 올라간다. 기원전 2737년 삼황 중 한 사람인 신농씨가 처음에 차를 개발하기 시작했다고 한다. 처음에는 차를 약용으로 쓰기 시작했다. 신농씨가 백성들을 위해 80종류의 풀을 직접 따서 맛을 보고 독소가 있는 것과 없는 것을 가려내다가 70여 종의 풀에서 독소를 발견하고 그 같은 독을 해독하는 차를 발견한 데서 유래했다고 한다.

한편에서는 6세기경 인도에서 당나라로 건너온 달마 스님이 소림굴에서 수행 정진하다가 너무 졸음이 쏟아져서 양쪽 눈의 눈꺼풀을 잘라서 뒤뜰에 던져 버렸는데 이것이 자라서 차나무가 되었다고도 한다. 그 후 이 찻잎을 우려서 마시면 정신이 맑아지고 심신의 피로가 풀렸다고 한다.

우리나라 차의 역사도 고려시대 이전으로 거슬러 올라간다. 하지만 문헌에는 고려시대에 정식으로 차회가 열리고 제사 때 헌다례식을 올렸다는 기록을 보면 아마 그때 차인들이 차에 대한 여러 가지 예법을 익히지 않았을까 하는 생각이 든다. 정확하지는 않지만 윗사람이 아랫사람에게 차를 하사했다는 기록도 더러 나오는 것을 보면 그때부터 궁중에서 임금이 신하에게 베푸는 다례도 있었고, 사찰에서 육법 공양을 할 때도 헌다를 한 것으로 짐작이 된다. 오늘날 다인들이 모여서 다도를 즐기는 차에는 말차라고 하여 분말 가루처럼 생긴 차를 물에 풀어서 마시는 경우도 있다. 하지만 역시 다도에는 녹차가 그 대표적인 차라고 할 수 있을 것이다.

녹차는 작설雀舌이라고도 하는데, 글자 그대로 작은 새의 혓바닥처럼 생겼다고 해서 붙여진 이름이다. 녹차도 그 종류가 여러 가지다. 우전 또는 세작, 중작, 곡우가 있고, 5일 전에 따는 차와 5일 후에 따는 차를 놓고도 그 맛과 향이 다르다고들 한다. 차에 대한 공부를 좀 해보고 싶어도 너무나 방대한 분량의 전문 지식을 요하는 것이라서 중도에 그만 두었다.

다산 정약용 선생의 제자로 알려진 초의 선사가 1830년경에 써서 남긴 『다신전茶神傳』이나 헌종 3년 1837년에 차의 고전을 집대성하여 편찬한 『동다송東茶頌』 등에는 차를 대하는 여러 가지 예법이나 차 끓이는 법, 찻물 가리는 법 등 차에 대한 전문적 지식과 시詩들이 수록되어 있다.

흔히 차 마시는 일을 다도茶道라 한다. 차의 세계가 워낙 방대하고 전문적 지식을 필요로 하기 때문에 '도'라는 명칭을 붙였을 것이다. 순서가 맞을지 모르지만 차에 대한 대강의 내용을 잡아보면 채다(採茶: 찻잎을 따는 방법과 시기), 조다(造茶: 차를 만드는 방법과 절차), 변다(辨茶: 차의 종류에 관한 여러 가지 식별법), 장다(藏茶: 차를 잘 보관하는 요령을 아는 것), 불후(火候: 찻물을 끓이는 불을 잘 조절하는 법), 탕변(湯辨: 물의 온도를 판별하는 요령), 포법(泡法: 차와 물의 양을 조절하는 법), 투다(投茶: 차를 물에다 넣는 시기 조절), 음다(飮茶: 차를 마시는 예법), 다향(茶香: 향을 분별하고 음미하는 요령) 등으로 나눌 수 있다.

이밖에도 차의 빛깔과 맛 등 그 내용이 참으로 방대하다.

서구 사람들의 차 문화라는 것은 문화라고 할 것도 없다. 겨우 인도산 홍차를 마시는 방법이나 아프리카산 코코아 또는 커피의 24종류를 다양하게 변형해서 만들어 판매하는 것이 고작이다. 미디엄빈, 수마트라다크, 에스프레, 자마이카 블루마운틴, 스페샬브랜디, 그린마운틴, 헤즐럿 등 설탕을 적당히 넣어서 홀짝 마셔버리면 된다. 참 간단하다.

그것들을 흉내 낸 인스탄트 녹차가 티백으로 편리하게 나왔지만 차를 우려 마시는 것만 못하다. 티백 녹차를 마시는 사람들은 차가 몸에 좋다는 것만 알아서, 차의 물 온도나 티백을 담가두는 시간을 조절하지 않고 오래 우려내면 좋은 줄 안다. 한참을 뜨거운 물에 우려낸 녹차는 너무 떫고 쓴 맛이 나기 때문에 잘 우려야 한다.

넘치는 것이 모자람만 못하다는 말처럼 무엇이나 적당한 것이 좋다. 지나치게 쓰다고 느껴지는 차를 무턱대고 너무 많이 마시는 것은 몸에 좋지 않다. 오히려 독이 되기도 한다는 것을 알아야 한다. 특히 티백 녹차는 기계적으로 대량 생산되는 것이기 때문에 손으로 만드는 수제품 녹차보다 질이 많이 떨어진다. 그렇더라도 80

도 정도의 온도에 살짝 담갔다가 건져 내는 것이 그런 대로 티백 녹차를 가장 잘 마시는 방법이다. 시간적 여유가 없는 현대인들에게는 차분한 시간을 필요로 하는 다도를 쉽게 접할 기회가 없다. 이것이 다도의 대중화가 되지 못하는 한계점이다.

언젠가 법정 스님이 "차는 누구나 쉽게 마시고 즐길 수 있으면 되지 너무 번거로운 절차는 오히려 차 맛을 떨어뜨린다."고 말씀하신 차에 대한 일갈이 기억에 오래 남아 있다. 옳은 말씀이다. 우리의 전통차가 좋다면 대중의 접근성이 보다 용이한 다도가 새로 개발되어야 한다고 생각한다. 다도가 특정인들의 전유물쯤으로 고착화 된다면 그 생명력이 길지 않을 것이기 때문이다. 생활 속에서 쉽게 접할 수 있는 다도가 되기 위해서는 다도에 대한 정립된 이론과 함께 대중화를 위한 노력도 게을리 하지 말아야 할 것이다. 한 잔 차를 마시면서도 이리 생각이 많으니 아무래도 나는 '다도'와는 거리가 먼 듯하다.

지극한 겸손

티벳을 다녀온 사람들의 말을 들으면 그곳 사람들의 대단한 불심에 새삼 놀란다고 한다. 도대체 그들의 불심이 얼마나 대단하다는 것일까. 티벳 불자들이 보여준 경이로운 불심은 다름 아닌 오체투지에 있다. 그 사람들이 하는 오체투지는 우리가 흔히 알고 있는 일반 불자들의 오체투지가 아니다. 한국 불자들의 오체투지는 우리나라에서 예부터 내려오는, 윗어른에게 설날 세배하는 절 수준에서 손바닥만 약간 머리 위로 올리는 정도로 변형된 절이다.

  인도의 전통 오체투지는 요가 수행자들이 고행하는 방법의 한 방편이기도 하다. 또한 인도의 오랜 관습에 의해 윗사람을 최고의 예로 공경할 때 접족례接足禮라고 해서 상대의 발 아래 자신의 머리를 조아리고 두 손을 발에다 대는데 이는 절대 존경의 의미가 담겨 있다. 거기에다 고두례叩頭禮라고 해서 마지막에 절이 끝나고 다시 반배를 한다. 고두례의 의미는 절을 계속해서 경의를 표하고 싶지만 시간이 없어서 못하는 것을 이해해 달라는 뜻이다.

그러나 티벳 사람들이 하는 절은 단순하지가 않다. 두 손바닥 양쪽에 각기 하나씩 나무 장갑을 끼고 그 손을 먼저 땅바닥에 대고 쭈욱 앞으로 밀면서 온몸을 던지듯 땅에 붙이고 절을 한다. 그 모습을 쉽게 연상하자면, 군인들이 훈련 받을 때의 낮은 포복 자세와 같은 모양이 된다.

그와 같은 절을 한 걸음 떼고 한 번씩 그렇게 일보일배 자세를 계속 반복하면서 부산에서 서울 가는 거리만큼 몇 달을 걸려서 성지 순례길에 오르는 것이다. 요즈음 시민운동 하는 사람들의 삼보일배가 유행처럼 되었지만 그것은 티벳인들의 오체투지에 비하면 흉내에 불과하다. 그들의 불심은 그렇게 절을 하면서 티벳의 수도 라사에 있는 포탈라 궁까지 가는 것이다. 그리고 그곳에 모셔진 부처님을 참배하는 것이 그들 모두의 평생 꼭 한 번 이루고 싶은 소원이라고 한다.

비가 오나 눈이 오나 기후에 관계없다. 기상이 좋지 않다고 해서 중도에 그만두는 법은 없다. 그뿐만 아니라 물이 넘치는 강을 건널 때 또는 가파른 산을 오를 때 등 절하기가 불가능한 지형을 만나도 절은 계속된다. 강폭의 넓이만큼의 거리를 미리 계산하고 강을 건너기 전에 강가에서 먼저 절을 다 하고 건넌다. 그들은 오체투지로 성지순례를 하겠다는 마음이 결정되면 물불을 가리지 않는다.

이 정도의 불심이면 부처님께 예경하는 절을 한다기보다 끝없이 고행하는 수도승의 모습과 다르지 않을 것이다. 놀라운 불심이다. 절을 하는 본래의 목적은 부처님의 위대한 가르침과 부처님의 자비와 지혜와 복덕을 공경하는 불자된 자들의 몸짓이기도 하다. 게다가 마음속에 가득 차 있는 교만심과 아만심을 털어내고 자신을 한없이 낮추겠다는 하심下心의 행동 예법이라고 할 수 있다.

맛있는 음료수를 마시고자 한다면 그 내용물이 쏟아질 수 있도록 몸통을 기울여야 한다. 몸이 낮아지지 않으면 마음은 자꾸만 높아진다. 지극한 마음으로 겸손함을 더하여 부처님께 예배 올리는 절이 때로는 기도 방법이 되기도 한다. 오랜 시간 절을 하면 우선 산란한 마음을 한 데 모으는 데 크게 도움이 된다. 정신을 단전이나 발 끝에 집중하고 절을 계속하면 어느 새 마음이 고요해지고 맑아지는 것을 느끼게 된다.

게다가 절을 하는데 있어서 숫자 개념으로 접근하는 사람도 있다. 우선 기본으로 세 번 절을 한다. 즉 삼배三拜의 의미는 부처님께 일 배, 부처님의 가르침에 일 배, 부처님의 제자인 스님들께 일 배, 그래서 불·법·승 삼보에게 절하는 것이다.

두 번째는 다겁생래로 지은 죄를 뉘우치는 참회 의식으로서 53배를 한다. 참회하고 용서를 구하고자 53부처님들께 예경을 올리

진실한 사랑은 사랑하는 사람의 모든 것을 조건 없이 사랑하고 있는 그대로
받아 주는 것이다.

는 방법이다. 108배는 번뇌 소멸을 위해 불자들이 일반적으로 많이 한다. 1찰나 9백 생멸이라 하는데 이는 1초에 900번의 번민과 고뇌들이 계속해서 우리의 마음속에 일어나고 사라진다는 함축적인 의미를 담고 있다. 108번뇌만 있겠는가. 하지만 가장 큰 번뇌를 간추려 보면 108가지가 된다는 것이다. 번뇌를 다스리는 한 방법으로서 108배를 하는 것이 불자들에게는 보편화되어 있다. 이밖에도 삼천 배를 하는 불심 깊은 불자들도 있다. 하지만 더러는 삼천 배를 기도하고 수행하는 방편으로 이해하기보다, 3,000이라는 숫자를 채우는 성취감을 얻기 위해 절을 하는 사람도 있다.

한편으로 반가운 것은 현대인들이 건강에 관심을 가지게 되면서 모 방송국이 제작하여 방영한 '절하면 건강이 좋아진다'는 내용이 큰 반향을 일으켰다. 굴신 운동은 뱃살 나온 부인들의 다이어트에도 효과가 있다. 그뿐만 아니라 임상으로 검증된 몇 가지 효과로는 탈모 예방, 요통, 당뇨, 신장 환자들의 건강 회복에 좋은 것으로 알려져 있다. 또 공부하는 아이들에게는 정신력 집중이 향상되어 학업 성취에 많은 도움이 된다.

다만 이웃 종교에서는 자기들의 성경 말씀인 '어떠한 형상도 만들어 놓고 절하지 말라'는 교리에 근거하여 절을 하는 사람들을 이해하지 못하고 그릇된 고정 관념에 따라 비판하고 있다. 절하는 사람들 모두가 우상이나 숭배하는 귀신의 족속들이라고 폄하하는 것은 잘못되어도 한참 잘못된 것이다.

그들의 근시안적 편견을 구태여 이해시킬 필요는 없다. 그러나 정당한 이유 없이 불자들이 절을 통해서 수행하는 모습을 평가절하하려는 몰상식을 깨우쳐 줄 필요는 있다. 그들이 우상숭배나 하고 앉아 있다고 잘못 생각하는 스님들이 하는 말을 잘 새겨듣는다면 절하는 해답이 절로 나올 것이다.

"흙으로 만든 부처님은 물을 만나면 다 부서질 것이요. 나무로 만든 부처님은 불을 만나면 모두 타버리는데 그런 형편없는 형상에 절은 해서 무엇하겠소."

자기 안에 감추어진 부처님과 똑 같은 거룩하고 성스러운 자성을 계발하는데 절보다 더 좋은 수행 방편은 없다. 쉬지 말고 절하라.

살얼음판 걷듯 하라

오늘은 왠지 마음이 잡히지 않는다. 책도 눈에 들어오지 않고 좌복을 깔고 앉아 있어도 잡념 삼매만 무성하다. 아마도 날씨가 무더운 탓이리라. 졸음이 오는 것을 쫓기 위해 나무 그늘을 찾아 나선다.

나무는 그것이 과일나무이건 활엽수이건 어떤 종의 나무일지라도 땅에 뿌리를 내린 뒤에는 말라 죽을 때까지 그곳의 환경과 타협하고 살아간다. 어떤 이들은 큰 나무가 작은 나무를 짓누르고 수액을 독점해서 다 빨아 먹기 때문에 크게 자라지 않는다고 한다. 하지만 그렇지가 않다. 크고 작은 나무들은 저마다 저 형편에 맞게 뿌리를 내리고 가지를 뻗으며 살아간다.

자연은 이처럼 공생하며 조화롭게 살아간다. 인간처럼 누구누구 때문에 못 살겠다고 남의 탓을 하지는 않는다. 그 땅에서 자라게 된 인연에 감사하고 주변 조건에 거슬리지 않게 차분히 제 생장을 키우는 역할에 충실할 뿐이다. 특히 새들이 둥지를 트는 나무일수록 오래되고 넉넉한 나무들이다.

나무들에 비하면 사람들은 자기 앞에 놓인 손익과 관계되는 일에는 절대 양보하지 않는다. 이익에 관한 한은 양보할 수 없는 절대 절박한 생존 경쟁의 문제라고 말한다. 그러나 반드시 그렇지는 않을 것이다. 어떤 조직 사회도 상하 관계가 형성되고 그 안에서 나름의 질서 유지를 위한 룰이 있는 것이다.

말단 사원에서부터 최고위급 이사진들까지도 저마다의 역할이 있다. 하지만 협동과 융화라는 명분을 내세워 부당하게 아랫사람을 무시하고 함부로 대하고 심지어는 모멸감을 주는 상사들도 더러는 있을 것이다. 이런 유형의 사람들은 오로지 자기 능력이 제일 뛰어나고 누구도 저보다는 못할 것이라는 안하무인격의 돼지같은 인간형이 아닐까. 이러한 사람은 제 아랫사람을 짓밟고 위로만 오르려는 출세지향형 인간일 것이 분명하다.

『삼국지』에 나오는 한신 같은 인물을 생각해 보자. 그는 뛰어난 장수 자질을 갖추고 있었다. 하지만 자기를 알아주는 사람이 없었으므로 처음 출발은 초라하기 그지없는 말단 경비병으로 시작했다. 무기라고 해야 손에는 겨우 대나무 창이나 하나 들고 서 있는 정도였다. 그렇지만 그는 자신에게 기회가 올 때까지 묵묵히 제 자

나에게 좋은 것은 다른 사람에게도 좋은 것이고, 내가 싫어하는 것은 다른 사람도 싫어하는 것이니, 나와 너를 둘로 나누어 생각하지 말라.

리에서 최선을 다했기에 뒷날 최고의 장군 지위에 올라 천하를 호령하는 유능한 장수로 빛을 발했다.

아이들이 문구점이나 장난감 가게에서 곧잘 사 가지고 노는 기억자형 장난감이 있다. 그것은 아주 오랜 옛날부터 호주(오스트레일리아) 원주민들이 만들어서 사냥용 도구로 즐겨 사용하던 부메랑이다. 길이가 약 30~80센티미터쯤 되는 반원형 나무 막대다. 양끝이 70~120도로 벌어진 이 나무 조각은 목표물을 향해 힘껏 던져 목표물에 적중하지 않으면 자기에게 다시 돌아온다.

그래서 회귀回歸의 대명사가 부메랑이다. 어떤 일을 함에 있어서 그 결과가 도로 제자리이거나 상대를 골탕 먹이려고 했는데 오히려 자기가 골탕을 먹게 되는 경우에도 부메랑 효과라고 한다. 불교에서는 그 같은 현상을 원인과 결과가 같다고 해서 인연이라는 말을 쓰기도 한다. 원인과 결과가 자로 잰 듯이 꼭 같을 수야 없겠지만 악연惡緣으로 맺어진 인연은 언젠가는 또 악한 종말을 맞이하는 것이다. 가능한 한 악연은 짓지 말고 살아야 한다.

스님들이 처음 출가하면 기본 자세를 익히는 데 필요한 행동 요령을 가르치는 지침서가 있다. 그것이 바로 『초발심자경문』이다. 그 중 가장 오래도록 기억에 남는 사자성어가 있다. 바로 '여리박빙如履薄氷'이라는 말이다. 얇은 살음판을 걷듯이 하라는 뜻이다.

사람이 살아가면서 더러는 본의 아니게 실수할 수도 있고 또 자신도 모르게 상대를 마음 아프게 하거나 함부로 대하는 경우도 있다. 그러나 그런 실수조차도 용납되어서는 안 되는 것이 출가 정신이다. 그래서 자기 앞에 놓여있는 삶을 경영하는 마음가짐은 한 걸음 한 걸음 발자국을 떼놓을 때마다 마치 살짝 얼어서 슬쩍만 밟아도 깨져버리는 엷은 얼음을 밟고 지나가는 것과 똑 같은 마음으로 아주 조심스럽게 한 번 더 확인하고 걸어야 한다는 가르침이다.

매일매일을 경쟁적으로 바쁘게 살아가는 현대인들이 부디 '여리박빙' 하는 마음으로 살아간다면 최소한 되돌릴 수 없이 후회하는 인생길은 되지 않을 것이라 생각한다.

웃음의 미학

스님들이 의식을 집전하고 여법하게 기도를 하는 엄숙한 순간에 누군가 갑자기 옆에서 예기치 않은 행동을 하는 경우가 더러 있다. 이상한 소리의 생리적 현상을 표출한다든가 모두 똑같은 자세로 절을 하는데 혼자서 엉뚱한 짓을 할 때가 있다. 그럴 때 아무리 참으려고 애를 써도 참을 수 없는 웃음이 나오게 된다. 웃을 수도 없고 울 수도 없는 난처한 상황을 극복하려면 여간 힘든 게 아니다. 그냥 웃어버리면 되겠지만 어른 스님들이 곁에서 지켜보고 있는데 경망스럽게 웃다가는 또 호된 꾸지람을 듣기 십상이다.

웃어야 할 때 웃지 못하는 이런 경험은 하고 싶지 않은 경험이다. 옛부터 '일소일소—笑—少 일노일로—怒—老' 라고 하여 한 번

웃으면 한 번 젊어지고 한 번 화내면 한 번 늙는다고 했다. 누군들 웃고 싶지 않고 젊어지고 싶지 않은 사람은 없을 것이다. 하지만 요즈음은 그렇게 조건 없이 웃을 수 있는 일들이 많지 않은 것도 사실이다. 그러나 흔히들 웃으면 복이 온다고 하지 않던가. 억지로라도 좀 웃고 살자는 이야기다.

아리스토텔레스는 "웃음은 추함과 품위 실추와 관련되어 있다."고 했다. 나는 이 말에 동의 할 수가 없다. 웃는 데 품위는 무슨 소용이며 또 좀 추하면 어떤가. 그러고 보면 우리나라 사람들도 품위 때문에, 체면 때문에 웃고 싶어도 웃지 못하는 경우가 많다. 웃음을 천박하게 보려는 잘난 사람들은 웃고 싶을 때 웃음을 참아야 하는 고통을 억지로 감내하고 있다. 웃음을 참아내는 고역스러운 그들의 얼굴 표정은 찌그러진 냄비 뚜껑처럼 일그러져 있다. 왜 그렇게 웃음을 참아야 하는 병에 걸렸는지 안타깝기만 하다.

숨이 막힐 것 같은 근엄한 표정이 자신의 위상을 높여줄 거라고 착각하는 사람들이 있다. 위상이라는 것은 겉모양만 가지고 결정되는 게 아니다. 그들이 나를 충분히 존경할 때 우러나오는 것이다. 말없이 웃지도 않고 감정도 없는 로봇같이 인간미라고는 찾아볼 수 없는 사람을 누가 존경하고 따를지 모르겠다. 자기가 안 웃는 것은 그만두고라도 잘 웃는 사람을 보거나, 약간은 실없는 유머를 구사하고 주위의 분위기를 띄우는 사람을 보면 싱거운 놈이라고 핀잔을 주기도 한다.

사람은 태어나서 생후 4개월부터 웃기 시작하는데 성장하면서 점차 웃음을 잃어간다고 한다. 그것은 의식의 영역이 넓어지면 넓어질수록 구하는 것이 많아진다는 증거다. 구하고 바라는 욕구가 증장하면 자기가 원하는 대로 충족시킬 수 있어야 만족한 웃음을 웃을 수 있다. 그러나 욕구의 충족이 현실과 충돌하고 타협해야 한다는 절망적인 사실을 받아들여야 하기 때문에 웃을 수 없는 것이다.

그래서 누군가 말하기를 인간은 욕망의 노예라고 했다. 노예란 무엇인가. 주인과는 하인의 관계에 있다. 주인이 원하면 자신의 뜻과는 전혀 상관없이 무슨 짓이라도 해야 하는 지극히 졸렬한 삶이 노예의 삶이다.

지금 이 순간부터라도 노예의 삶을 청산하고 활짝 웃어보면 어떨까. 웃음은 현대인들이 극심하게 겪고 있는 스트레스를 해소하는데 가장 뛰어난 효과가 있는 치료 요법이라고 한다. 웃음으로 인한 생리적 변화는 먼저 스트레스 호르몬인 코티졸 양을 현저히 떨어뜨리고, 모든 병원균을 잡는데 도움을 주는 기분 좋은 엔돌핀 생산이 증가한다는 것이다. 또한 웃는 동안 우리 몸 안에는 산소가 2배나 늘어나고 신진대사가 원활하며 입안에 고인 침과 혈액이 다량의 항체를 만들어내는 최적의 조건이 된다고 한다.

웃음 다이어트 요법으로 10분 웃으면 40칼로리가 소모된다고 하니 엄청난 운동 효과다. 그래서 서양에서는 웃음을 '내적 조깅'

이라고까지 말하고 있다. 인도에는 웃음학회까지 있다고 하고, 웃음에 관한 연구가 활발하다고 한다. 게다가 웃음 치료사, 웃음 레크레이션, 웃음 동호회, 또 잘 웃기는 사람에게 주는 웃음 자격증까지 나온다고 한다.

웃음에 관한 인디언들의 이야기가 있다. 인디언들은 아이를 낳고 얼마 있지 않아서 웃음 부모를 정한다고 한다. 온 동네 사람들을 모두 초청해서 음식을 대접하고 갓난아이를 가운데 두고 거기 모인 사람들 중에 그 아이를 어르고 달래서 제일 먼저 그리고 많이 웃기는 사람을 웃음 부모로 맺어준다고 한다. 웃음 부모가 왜 필요한가를 들어보면, 그들의 삶의 지혜를 엿볼 수 있다. 충분한 의료시설이 없던 인디언들은 오직 건강하게 오래 사는 비법은 웃음뿐이라는 중요한 사실을 알고 있었던 것이다.

웃음이 절로 나는 세상은 누구도 만들어 주지 않는다. 내가 먼저 상대가 웃을 수 있도록 만들어가야 한다. 상대가 웃을 수 있게 하는 방법은 의외로 간단하다. 내가 상대보다 다소 부족한 듯한 행동이나 손해보는 것 같은 모습을 보이면 된다. 그리하면 그가 웃고 나도 웃을 수 있는 상황이 되는 것이다.

우리나라 속담에 "웃는 얼굴에 침 뱉지 못한다."는 말이 있다. 웃음이란 일단 상대와 적의를 가지고 있지 않으며 동질성을 가지고 있음을 표현하는 수단이기도 하다. 웃음은 혼자 있을 때보다 여러 사람이 함께 있을 때가 더 많이 웃는다고 한다.

잘 웃는 사람은 얼굴 근육이 고루 발달되어 늙은 후에도 얼굴 모습이 선하고 아름답게 된다고 한다. 그런데도 웃어야 할 때 안 웃는 사람이 있다면 그 사람은 바로 자신의 곁에 다가와 있는 행복을 쫓아내는 바보인지도 모르겠다. 지금 이 순간부터라도 마음껏 웃자. 웃으면 복이 온다고 하지 않는가.